Petit traité de joie intérieure

Du même auteur chez le même éditeur

L'Esprit de Noël, 2016
Dieu rit, 2017
Qui suis-je pour juger ?, 2017
L'Évangile de Marie, 2018
C'est tous les jours Noël, 2018
Le Bonheur dans cette vie, 2020
Dieu et le monde d'après, 2021

PAPE FRANÇOIS

Petit traité de joie intérieure

Michel LAFON

Titre original :
Ti auguro il sorriso

118, avenue Achille-Peretti – CS 70024
92521 Neuilly-sur-Seine Cedex
www.michel-lafon.com

N'oubliez pas vos rêves,
ne les laissez pas s'évanouir !
Faites-leur une place,
osez regarder les vastes horizons,
osez regarder ce qui vous attend
si vous avez le courage de le bâtir ensemble !

Vivre, c'est être toujours en chemin.
Nous devenons ce vers quoi nous marchons.
Choisissons le chemin de Dieu,
non le chemin de nous-mêmes,
le chemin du oui, non le chemin du soi.
Nous verrons alors qu'il n'est d'imprévu,
d'ascension, de nuit
qui ne se puisse affronter avec l'aide de Jésus.

Préambule

Mon vœu

Le vœu que je forme tient en un mot : *sourire.*

Il m'a été inspiré par l'un des derniers pays que j'ai pu visiter, la Thaïlande. On l'appelle le Pays du Sourire. En effet les gens y sont très souriants et font preuve d'une amabilité particulière, très noble, résumée par cette expression du visage et réfléchie par toute leur façon d'être. L'expérience m'est restée. Elle m'amène à penser le sourire comme la manifestation de l'amour, la manifestation d'une affection typiquement humaine.

Quand nous nous penchons sur un nouveau-né, nous avons tendance à lui sourire, et si sur son petit visage aussi s'épanouit un sourire, alors nous ressentons une émotion simple et naïve. L'enfant réagit à notre regard, mais par un sourire plus « puissant » que le nôtre parce qu'il est nouveau, pur, pareil à une eau jaillissante, parce qu'il éveille en nous, les adultes, une intime nostalgie de l'enfance.

C'est ce qui s'est passé d'une façon unique entre Marie, Joseph et Jésus. La Vierge et son époux, par leur amour, ont fait s'épanouir un sourire sur les lèvres de leur nouveau-né. Et quand la chose s'est produite, leurs cœurs se sont emplis d'une joie nouvelle venue du ciel. C'est comme si la petite étoile de Bethléem s'était mise à briller.

Jésus est le sourire de Dieu. Il est venu nous révéler l'amour du Père, sa bonté ; et il l'a fait d'abord en souriant à ses parents, comme n'importe quel bébé en ce monde. Quant à eux, la Vierge Marie et saint Joseph, si grande était leur foi qu'ils ont su accueillir ce message, lire dans le sourire de Jésus la miséricorde de Dieu envers eux et envers tous ceux qui attendaient sa venue, la venue du Messie, Fils de Dieu, Roi d'Israël.

Voyez-vous, très chers, devant la crèche nous revivons nous aussi cette expérience : regarder l'enfant et sentir que Dieu nous sourit. Qu'il sourit à tous les pauvres de la Terre, à tous ceux qui attendent le salut, rêvent d'un monde plus fraternel, sans plus de guerres ni de violence, où chaque homme et chaque femme pourrait vivre dans sa dignité de fils et de fille de Dieu.

Il n'est pas toujours facile de sourire, pour bien des raisons. C'est pourquoi nous avons besoin du sourire de Dieu : seul Jésus peut nous aider. Lui seul est le Sauveur, et il arrive que nous en fassions concrètement l'expérience dans notre propre existence.

Mais il arrive aussi que tout aille bien, et le danger, alors, c'est de se sentir trop en confiance, d'oublier ceux qui souffrent. Dans ce cas-là aussi, le sourire de Dieu nous est nécessaire. Il nous débarrasse des fausses sécurités, nous restitue le goût de la simplicité et du désintéressement.

Alors, très chers, formons ensemble ce vœu qui vaut pour toujours, celui de nous laisser surprendre par le sourire de Dieu, ce sourire que Jésus est venu nous apporter. Ce sourire qui n'est autre que lui-même. Accueillons-le, laissons-nous purifier ; ainsi nous pourrons, nous aussi, offrir aux autres un humble et simple sourire.

Ce vœu, emportez-le chez vous pour ceux qui vous sont chers, en particulier les malades et les plus âgés, qu'ils éprouvent la caresse de votre sourire. Oui, la caresse. C'en est une. Sourire, c'est caresser avec le cœur, c'est caresser avec l'âme. Et restons unis dans la prière[1].

---

1. Les pages qui suivent jettent les bases d'un manifeste de renaissance pour une nouvelle ère de la joie, plus nécessaire que jamais en ces « temps malades ». Elles proposent un chemin à travers divers discours, interventions, homélies, exhortations apostoliques et encycliques du Saint-Père. On en retrouvera les sources bibliographiques page 237.

I

Changer, renaître

L'espérance ne déçoit pas

L'optimisme déçoit, pas l'espérance ! Et nous avons grand besoin d'espérance en ces temps où tout paraît sombre, où nous nous sentons quelquefois perdus devant le mal et la violence, devant les souffrances de tant de nos frères. Il faut de l'espérance ! Perdus et découragés aussi, car impuissants dans ces ténèbres qui semblent ne jamais finir.

Mais ne laissons pas l'espérance nous abandonner. Dieu marche à nos côtés avec son amour. « J'espère, car Dieu est avec moi », voilà ce que tous nous pouvons dire.

Le bonheur de l'humanité se partage

En ce monde qui tourne sans trouver de route commune, on respire une atmosphère où « semble se creuser la distance entre l'obsession de son propre bien-être et le bonheur de l'humanité. C'est à se demander s'il ne s'est pas produit un véritable schisme entre l'individu et la communauté humaine. En effet, une chose est de se sentir obligés de vivre ensemble, autre chose est de goûter la richesse et la beauté des graines de vie commune qu'il convient de chercher et de cultiver ensemble ». La technologie ne cesse de progresser, mais « comme ce serait bien si la croissance des innovations scientifiques et technologiques s'accompagnait d'un progrès en matière de justice et d'inclusion sociale ! Comme ce serait bien si, en même temps que nous découvrons des planètes lointaines, nous redécouvrions les besoins des frères et des sœurs qui gravitent autour de nous ! ».

Les nuits de notre vie

Tous, nous avons rendez-vous avec Dieu dans la nuit, dans la nuit de notre vie, dans les si nombreuses nuits de notre vie, les heures sombres, les heures de péché, les heures de désarroi. Il y a là, toujours, un rendez-vous avec Dieu. Il nous surprendra au moment où nous ne l'attendons pas, au moment où nous nous retrouverons vraiment seuls. Cette nuit-là, en affrontant l'inconnu, nous prendrons conscience de n'être rien d'autre que de pauvres humains – des « misérables », me permettrai-je de dire. Mais c'est là, c'est justement quand nous nous sentons « misérables » qu'il ne faut pas avoir peur. Car c'est le moment que choisira Dieu pour nous appeler d'un nouveau nom, d'un nom qui contiendra le sens de toute notre vie, changera notre cœur et nous donnera la bénédiction offerte à qui s'est laissé changer par lui. Voilà une belle invitation à se laisser changer par Dieu. Lui sait comment le faire, car il connaît chacun d'entre nous. Chacun de nous peut dire : « Seigneur, tu me connais. Tu me connais. Change-moi ! »

Venez à moi

Nous rencontrons dans l'Évangile de Matthieu ces mots de Jésus : « Venez à moi, vous tous qui êtes fatigués et accablés, et je vous donnerai du repos » (*Matthieu*, XI, 28). La vie est souvent épuisante, et même bien des fois tragique. Travailler fatigue, chercher du travail aussi. Il faut s'en donner, du mal, pour trouver du travail aujourd'hui ! Mais ce n'est pas cela qui pèse le plus sur nos vies, ce qui pèse le plus, c'est le manque d'amour.

Ça pèse de n'avoir pas un sourire, d'être mal accueilli. Il est des silences qui pèsent d'un grand poids, quelquefois même au sein de la famille, entre mari et femme, entre parents et enfants, entre frères et sœurs. Sans l'amour, la peine se fait plus lourde, insupportable. Je pense à la solitude des gens âgés, à ces familles en difficulté parce qu'on ne les aide pas à s'occuper des proches qui ont besoin de soins et d'attentions particulières. « Venez à moi, vous tous qui êtes fatigués et accablés », dit Jésus.

Le beau côté de la tapisserie

Que de fois il se trompe, l'amour qui donne et qui œuvre ! Celui qui agit, qui prend un risque commet souvent des erreurs. À ce propos, il est intéressant de se pencher sur le témoignage de Maria Gabriela Perin. Orpheline de père peu après sa naissance, elle réfléchit à l'influence sur sa vie de cet événement, de cette relation certes interrompue, mais qui a fait d'elle une mère puis, aujourd'hui, une religieuse : « Ce que je sais, c'est que Dieu crée des histoires. Dans son génie et dans sa miséricorde, Il se sert de nos triomphes et de nos échecs pour tisser de superbes tapisseries pleines d'ironie. Sur l'envers de la toile, on croit voir un désordre de fils entremêlés – les événements de notre vie –, et c'est peut-être ce qui nous tourmente quand nous avons des doutes. Pourtant, le beau côté de la tapisserie présente une histoire magnifique, et c'est ce côté-là que Dieu voit. »

Avec nous tous les jours

Il est vivant ! Ne l'oublions jamais. Ce serait courir le risque de voir en Jésus Christ seulement un bon exemple appartenant au temps passé, un souvenir, quelqu'un qui nous a sauvés voilà deux mille ans. Cela ne servirait à rien, nous resterions les mêmes, nous ne nous libérerions pas. Celui qui nous comble de sa grâce, celui qui nous libère, celui qui nous transforme, celui qui nous guérit et nous réconforte, c'est quelqu'un qui est vivant. C'est Christ ressuscité, plein d'une vitalité surnaturelle, revêtu d'une infinie lumière. C'est pourquoi saint Paul disait : « Si Christ n'est pas ressuscité, votre foi est vaine » (I, *Corinthiens*, XV, 17).

S'il est vivant, alors il pourra vraiment être présent dans ta vie à tout instant, pour l'emplir de lumière. Ainsi il n'y aura plus de solitude ni d'abandon. Quand bien même tous seront partis, lui sera toujours là, fidèle à sa promesse : « Je suis avec vous tous les jours, jusqu'à la fin du monde » (*Matthieu*, XXVIII, 20). Il emplit toute chose de sa présence invisible, partout où tu vas, il t'attendra. Car non seulement il est venu, mais il vient encore et continuera de venir jour après jour pour t'inviter à marcher vers un horizon toujours nouveau.

Au-delà du connu

Dieu est toujours une nouveauté. Sans cesse il s'emploie à redémarrer, à se déplacer pour aller au-delà du connu, jusqu'aux frontières et aux périphéries. Il nous mène là où vit l'humanité la plus blessée, là où les êtres humains, sous les apparences de la superficialité et du conformisme, continuent de chercher la réponse à leurs questions sur le sens de la vie. Dieu n'a pas peur ! Il n'a pas peur ! Il va toujours au-delà de nos schémas, il ne craint pas les périphéries. Lui-même s'est fait périphérie (*Philippiens*, II, 6-8 ; *Jean*, I, 14). C'est pourquoi nous le trouverons si nous osons aller vers les périphéries, il y sera déjà. Jésus nous précède dans le cœur de ce frère, dans sa chair meurtrie, dans son existence opprimée, dans son âme enténébrée. Il est déjà là.

Où est ma main ?

Il n'est qu'une seule circonstance où il soit juste et licite de regarder une personne de haut, c'est pour l'aider à se lever. Si l'un de nous – y compris moi – regarde quelqu'un de haut, avec mépris, c'est qu'il ne vaut pas grand-chose. Mais regarder une personne de haut pour lui tendre la main et l'aider à se lever, c'est être grand. Alors, quand vous regardez quelqu'un depuis votre hauteur, demandez-vous toujours : « Où est ma main ? Où se cache-t-elle ? Ne va-t-elle pas l'aider à se lever ? » Ainsi, vous vous sentirez heureux.

Cela veut dire apprendre à développer une qualité très importante, quoique sous-évaluée : l'aptitude à donner de notre temps aux autres, à les écouter, à partager avec eux, à les comprendre. C'est seulement ainsi que nous pourrons ouvrir nos histoires et nos blessures à un amour capable de nous transformer, afin de commencer à changer le monde autour de nous. Si nous ne donnons rien, si nous ne perdons pas du temps, si nous « gardons pour nous le temps » que nous pourrions consacrer aux autres, alors, ce temps, nous le perdrons à bien d'autres choses qui, à la fin de la journée, nous laisseront vides et absents. Comme on dit chez moi : « Si tu te gaves, tu auras une indigestion. »

Seuls, c'est impossible

Écoutons la cinquième Béatitude : « Heureux les miséricordieux, car ils trouveront miséricorde » (*Matthieu*, V, 7).

Elle est spéciale, c'est la seule où il y ait coïncidence entre la cause et le fruit du bonheur. Ceux qui pratiquent la miséricorde trouveront miséricorde. À leur tour ils seront « miséricordieux ». Ce thème de la réciprocité du pardon revient souvent dans l'Évangile. Et comment pourrait-il en être autrement ? La miséricorde, c'est le cœur même de Dieu !

Il y a deux choses qui ne peuvent être séparées, le pardon donné et le pardon reçu. Pourtant, nombre de personnes qui souffrent n'arrivent pas à pardonner. Le mal subi est tel, bien souvent, que vouloir pardonner serait comme vouloir gravir une très haute montagne. On se dit qu'on n'y arrivera pas. Pour cette réciprocité de la miséricorde, il est nécessaire de renverser la perspective. Seuls, en effet, nous n'y arriverons pas. Nous avons besoin de la grâce de Dieu. Alors, demandons-la. Car si la cinquième Béatitude promet la miséricorde, et si en disant le Notre Père nous demandons que nos péchés nous soient remis, cela veut dire que nous aussi, nous sommes essentiellement débiteurs, que nous sommes dans la nécessité d'obtenir la miséricorde !

La prière, une digue contre le mal

Dans son histoire quotidienne, chacun vit la présence du mal, c'est une expérience de tous les jours. Les premiers chapitres du livre de la Genèse décrivent la façon dont le péché se développe progressivement dans les histoires humaines. Adam et Ève (*Genèse*, III, 1-7) doutent des intentions bienveillantes de Dieu ; ils s'imaginent avoir affaire à une divinité envieuse qui voudrait les empêcher d'être heureux. Alors, la rébellion éclate. Et l'expérience les emmène dans la direction opposée, leurs yeux s'ouvrent, ils découvrent qu'ils sont nus (verset 7), sans rien. N'oubliez jamais ceci : le tentateur est mauvais payeur, avec lui on est mal rétribué.

On voit pourtant s'écrire aussi dans ces premières pages de la Bible une autre histoire moins apparente, beaucoup plus chargée d'humilité et de dévotion. Elle représente le rachat de l'espérance. Certes, ils se conduisent presque tous de façon odieuse, en faisant de la haine et de la conquête le grand moteur de l'expérience humaine ; mais il y a aussi des personnes capables de prier Dieu sincèrement, capables d'écrire autrement notre destinée.

La prière est la digue, le refuge de l'homme devant la déferlante du mal qui grandit dans le monde. À y bien regarder, nous prions aussi pour être sauvés de nous-mêmes. Prier est important : « Seigneur, s'il te plaît, sauve-moi de moi-même, de mes ambitions, de mes passions. » Ceux qui prient dans les premières pages de la Bible sont des faiseurs de paix ; la prière, quand elle est authentique, affranchie des instincts de violence, est un regard tourné vers Dieu pour qu'il revienne prendre soin du cœur de l'homme.

On lit dans le catéchisme : « Cette qualité de la prière est vécue par une multitude de justes dans toutes les religions. » La prière cultive des oasis de renaissance dans des lieux où la haine de l'homme n'a réussi qu'à agrandir le désert. Et la prière est puissante parce qu'elle attire le pouvoir de Dieu et que le pouvoir de Dieu donne toujours la vie – toujours. Dieu est le dieu de la vie, il fait renaître.

Un ancrage dans l'espérance

Job était dans la nuit. Pour ainsi dire aux portes de la mort. Et en ces heures d'angoisse, de douleur, de souffrance, il proclame l'espérance : « Moi, je sais que mon rédempteur est vivant et qu'il se lèvera le dernier sur la Terre ! […] que je le verrai, moi, que mes yeux le contempleront, et non un autre » (*Job*, XIX, 25-27).

C'est triste, un cimetière. Ça rappelle les êtres chers maintenant disparus. Ça nous dit aussi ce qui nous attend – la mort. C'est triste, mais avec le temps, nous apportons des fleurs en signe d'espérance, voire de fête. Et la tristesse alors se mêle d'espoir. Chacun ressent la même chose devant les cendres des êtres chers : le souvenir, l'espérance. Nous avons aussi le sentiment que cette espérance nous aide. Car nous devrons tous parcourir ce chemin. Dans un avenir plus ou moins proche, mais tous. Avec cependant la fleur de l'espérance, avec l'espérance de la résurrection, avec ce fil puissant amarré dans l'au-delà. Cette ancre-là, voyez-vous, ne déçoit pas. Et le premier à avoir parcouru ce chemin, c'est Jésus. Nous parcourons le chemin qu'il a parcouru. « Moi, je sais que mon rédempteur est vivant et qu'il se lèvera le dernier sur la Terre !

[…] que je le verrai, moi, que mes yeux le contempleront, et non un autre. »

Défis

Ne faisons pas des maux de notre monde – et des maux de l'Église – une excuse pour diminuer notre engagement et notre ferveur. Regardons-les plutôt comme des défis pour grandir.

Le cheval et le fleuve

Un moment de crise est un moment de choix, un moment où les décisions s'imposent. Tous, dans nos vies, nous avons eu et aurons à traverser des crises – familiales, matrimoniales, sociales, liées au travail… Que de crises ! Cette pandémie qui nous frappe est aussi un moment de crise sociale.

Comment réagir ? « Dès lors, beaucoup de ses disciples s'en retournèrent, et ils n'allaient plus avec lui » (*Jean*, VI, 66). Jésus décide d'interroger les Douze : « Voulez-vous partir aussi ? » (*Jean*, VI, 67). Il les pousse à prendre une décision. Arrive alors la deuxième confession de Pierre : « Seigneur, chez qui irons-nous ? Tu as les paroles de vie éternelle » (*Jean*, VI, 68). Pierre, au nom des Douze, confesse que Jésus est le Saint de Dieu, le Fils de Dieu.

Auparavant, Pierre avait fait une première confession : « Tu es le Christ, le Fils du Dieu vivant » (*Matthieu*, XVI, 16).

Mais aussitôt après, quand Jésus avait commencé de parler aux disciples de la Passion qui allait advenir, Pierre l'avait arrêté en protestant : « Ce ne sera pas pour toi ! » (*Matthieu*, XVI, 22). Et Jésus lui avait adressé des reproches : « Éloigne-toi de moi, Satan ! Tu m'es un scandale, car tu ne tends pas vers Dieu, mais vers les hommes ! » (*Matthieu*, XVI, 23).

En revanche, à l'heure de cette deuxième confession, Pierre a mûri. Il ne proteste pas. Il ne comprend pas le propos de Jésus, ce « manger la chair, boire le sang » (*Jean*, VI, 54-56). Il ne comprend pas, mais il fait confiance au maître. Il fait confiance. Vient alors la deuxième confession : « Chez qui irons-nous ? Tu as les paroles de vie éternelle. »

Pour nous tous, c'est une aide dans les moments de crise. « Je t'en prie, ne change pas de cheval au milieu de la rivière ! » dit un proverbe de mon pays natal. Quand la crise survient, il faut rester ferme dans la conviction de la foi. Les disciples qui sont partis ont changé de cheval. Ils ont cherché un autre maître, moins « dur », selon leurs propres termes. Quand la crise survient, ce qui compte, c'est la persévérance, le silence ; la volonté de rester où l'on est, solidement. Ce n'est pas le moment de changer. C'est le moment d'être fidèle, fidèle à Dieu, fidèle aux décisions déjà prises. Et c'est aussi le moment de la conversion, car cette fidélité nous poussera à changer, non pour nous éloigner du bien mais au bénéfice du bien. Les moments de paix comme les moments de crise, nous devons apprendre, nous autres chrétiens, à gérer les deux. Les deux.

Le Christ est vivant !

Il est notre espérance, et la plus belle jeunesse de ce monde. Tout ce qu'il touche devient jeune, devient nouveau, s'emplit de vie. C'est pourquoi les premiers mots que je souhaite adresser à tout jeune chrétien sont pour lui dire : « Il vit et te veut vivant ! »

Il est en toi, il est avec toi, il ne t'abandonne jamais. Même si toi, tu l'abandonnes, la Résurrection demeure à tes côtés, elle t'appelle, elle t'attend pour un nouveau départ. Quand tu te sens vieux à force de chagrin, de rancœurs, de peurs, de doutes et d'échecs, lui est toujours là pour te rendre la force et l'espérance.

Notre souffrance est graine de joie

Aux heures de souffrance, de peine, quand nous n'y comprenons plus rien, quand nous avons envie de nous rebeller, regardons notre Mère et, comme l'enfant qui a peur, cramponnons-nous à sa robe en disant de tout notre cœur : « Mère ! » Nous ne sommes pas seuls, nous avons une mère. Nous avons Jésus notre grand frère. Nous ne sommes pas seuls.

Considérons l'avenir avec les yeux de la foi. Notre souffrance est une graine qui un jour devra éclore dans la joie que le Seigneur a promise à ceux qui ont cru en sa parole : « Heureux les affligés, car ils seront consolés » (*Matthieu*, V, 4). La *compassion* de Dieu, la souffrance qu'il partage avec nous donne à nos efforts une signification et une valeur éternelles.

Il y a ceux qui avancent et ceux qui… se baladent

Même chez les chrétiens, même dans les communautés catholiques, nombreux sont ceux qui n'avancent pas vraiment. La tentation de s'arrêter ? Combien de chrétiens y cèdent ! Leur espérance est faible. Bien sûr, ils croient au ciel, mais sans essayer de l'atteindre. Ils respectent les commandements, appliquent les préceptes, tout ça – mais ils n'avancent pas. Et le Seigneur ne peut compter sur eux comme sur un levain pour faire croître son peuple.

Et puis il y a les autres, ceux qui se sont trompés de route. Tous, un jour ou l'autre, nous nous trompons de route. Le problème, ce n'est pas de se tromper. Le problème, c'est de ne pas revenir en arrière quand on comprend qu'on s'est trompé. C'est notre condition de pécheurs qui fait que nous prenons le mauvais chemin. Nous marchons, et quelquefois nous allons sur le mauvais chemin. Revenir en arrière est possible, le Seigneur nous offre cette grâce, de pouvoir revenir en arrière.

Il y a aussi le groupe, plus dangereux, de ceux qui se trompent eux-mêmes. De ceux qui marchent sans avancer. Les chrétiens errants : ils se baladent, ils se baladent dans leur propre vie comme des touristes, ils vont sans but, sans prendre les promesses au sérieux. Ils se baladent, et ils s'abusent en disant : « Je marche ! » Mais non, tu ne marches pas ! Tu te balades ! Alors que le Seigneur nous demande de ne pas nous arrêter, de ne pas nous tromper de route, de ne pas nous balader dans la vie. Il nous demande d'observer les promesses, d'aller de l'avant avec les promesses.

Les jeunes, promesse de vie

Il y a quelque temps, un ami m'a demandé comment je voyais la jeunesse. J'ai répondu : « Je vois un garçon ou une fille qui cherche sa route, qui voudrait voler avec ses pieds, qui plane au-dessus du monde et regarde l'horizon avec des yeux pleins d'espérance, pleins de l'avenir, pleins d'illusions aussi. Le jeune, comme l'adulte, marche avec ses deux pieds. Mais à la différence de l'adulte, qui les garde sur le même plan, il en a toujours un devant l'autre, prêt à partir, prêt à s'élancer. Parler des jeunes, c'est parler des promesses, c'est parler de la joie. Les jeunes ont tant de force ! Ils sont capables de regarder avec espérance. Un jeune, c'est une promesse de vie qui possède de façon innée un certain degré de ténacité ; il est assez fou pour pouvoir s'illusionner, mais il a la capacité de guérir de la déception qui peut en découler. »

Amoureux !

Tu cherches une passion ? Relis le beau poème de Pedro Arrupe. Tombe amoureux ! (Ou accepte de l'être.) En effet, « rien n'est plus important que de trouver Dieu. Cela équivaut à "tomber amoureux", en un sens absolu, définitif. Ce dont tu es amoureux capture ton imagination et finit par tout affecter. C'est ce qui te décidera à sortir de ton lit le matin. C'est ce qui te dira ce que tu dois faire de tes soirées. À quoi occuper tes week-ends. Que lire, ce que tu sais, ce qui te brise le cœur, ce qui t'émerveille, t'emplit de joie et de gratitude. Tombe amoureux ! Demeure dans l'amour ! Tout sera changé ». Cet amour de Dieu, qui se prend de passion pour la vie tout entière, est possible grâce à l'Esprit saint. En effet, « l'amour de Dieu a été versé dans nos cœurs par l'Esprit saint qui nous a été donné » (*Romains*, V, 5).

II

Rêver de la beauté

L'Occident manque de poésie

Il y a cette sagesse orientale qui n'est pas seulement sagesse de connaissance mais sagesse des temps, sagesse de contemplation. La société occidentale, qui va toujours trop vite, gagnerait à apprendre la contemplation, à faire une pause, à regarder aussi les choses poétiquement. Je crois que l'Occident manque un peu de poésie. Certes, il y a de très belles choses poétiques en Occident, mais l'Orient va plus loin. L'Orient est capable de regarder les choses avec des yeux qui vont plus loin. Je n'irai pas jusqu'à employer le mot « transcendant », car aucune des religions orientales n'est portée à la transcendance, mais il est clair que leur vision dépasse les limites de l'immanence. Elles vont au-delà de l'immanence. C'est pourquoi je parle de « poésie », de ce qui est gratuit. Je crois que nous ferions bien, nous autres Occidentaux, de nous arrêter un peu et de donner du temps à la sagesse. La culture du *faisons vite* a besoin d'une autre culture, celle du *faisons une pause*. Alors fais une pause.

Créer des poètes

On ne peut éduquer sans faire référence à la beauté, sans inciter les cœurs à la beauté. Pour forcer un peu le trait, j'oserais dire qu'une éducation est ratée quand elle échoue à créer des poètes. Le chemin de la beauté est un défi qui doit être affronté.

Une vie comblée de grâce

La prière de l'homme est étroitement liée au sentiment d'*émerveillement*. La grandeur de l'homme est infinitésimale, rapportée aux dimensions de l'univers. Ses conquêtes les plus considérables semblent bien peu de chose… Cependant, l'homme n'est pas rien. Dans la prière s'affirme la toute-puissance du sentiment de miséricorde. Rien n'existe par hasard : le secret de l'univers réside dans l'échange des regards. Le Psaume 8 (verset 6) affirme que nous sommes, un peu moins que les anges, couronnés de gloire et d'honneur. La relation avec Dieu fait la grandeur de l'homme, c'est son intronisation. Par nature, nous ne sommes presque rien, mais par vocation, par l'appel, nous sommes les enfants du grand roi !

Beaucoup d'entre nous le savent d'expérience, les circonstances de la vie sont parfois si amères qu'elles menacent d'étouffer en nous le don de la prière. Il suffit pourtant de contempler un ciel étoilé, un coucher de soleil, une fleur, pour que se rallume l'étincelle de la gratitude.

Cette expérience est peut-être ce qui inspire la première page de la Bible.

La prière est la force première de l'espérance. Tu pries, l'espérance grandit, va de l'avant. Je dirai que la prière ouvre la porte à l'espérance. L'espérance est là, ma prière lui ouvre la porte. Car les hommes de prière veillent sur les vérités fondamentales ; ce sont eux qui répètent, pour eux-mêmes d'abord, pour tous les autres ensuite, que cette vie, en dépit de toutes ses misères et épreuves, malgré les jours difficiles, est comblée d'une grâce digne d'émerveillement. Et qu'elle doit, comme telle, être toujours défendue et protégée.

En harmonie avec le créé

Si le Seigneur pouvait inviter les autres à être attentifs à la beauté du monde, c'est qu'il était lui-même en contact permanent avec la nature, et lui prêtait une attention pleine d'affection et d'émerveillement. Quand il parcourait sa terre en tous sens, il lui arrivait de s'arrêter pour contempler la beauté que le Père y avait semée. Il invitait alors les disciples à percevoir en toute chose un message divin : « Levez les yeux et voyez, déjà les champs sont blancs pour la moisson » (*Jean*, IV, 35). Et « le royaume des cieux est semblable à une graine de moutarde qu'un homme a prise et semée dans son champ. C'est la plus petite de toutes les semences, mais quand elle croît, elle est plus grande que les légumes, elle devient un arbre et les oiseaux du ciel viennent nicher dans ses branches »

(*Matthieu*, XIII, 31-32). Jésus vivait en pleine harmonie avec la Création, et les autres s'en émerveillaient.

S'éveiller à l'émerveillement

S'éveiller à la beauté, s'éveiller au merveilleux, à l'étonnement qui ouvre des horizons nouveaux et suscite de nouvelles interrogations. Une vie consacrée qui ne sait pas s'ouvrir à la surprise est une vie qui s'est arrêtée à la moitié du chemin. Je vais le répéter. Une vie consacrée qui n'est pas capable d'être surprise tous les jours, de se réjouir et de pleurer certes, mais aussi d'être surprise, est une vie consacrée qui s'est arrêtée à la moitié du chemin. Le Seigneur ne nous a pas appelés pour nous envoyer dans le monde imposer aux gens des obligations. Ni pour charger encore davantage leurs fardeaux qui sont déjà nombreux. Mais pour partager une joie, un bel horizon nouveau et surprenant.

Splendeur de l'homme

Le huitième psaume nous dit aux versets 4 et 5 : « Quand je contemple tes cieux, l'œuvre de tes mains, la lune et les étoiles que tu as créées, Qu'est-ce que l'homme pour que tu te souviennes de lui ? Et le fils de l'homme, pour que tu te soucies de lui ? » L'orant considère autour de lui le mystère de l'existence, il voit le ciel étoilé qui le surplombe – et dont l'astrophysique décrit aujourd'hui l'immensité. Alors il s'interroge : quel dessein d'amour derrière une œuvre aussi puissante ! Et dans cette immensité infinie, qu'est-ce que l'homme ? « Presque rien », répond un autre psaume. Un être qui naît, un être qui meurt, une créature des plus fragiles. Pourtant, dans tout l'univers, l'être humain est la seule créature qui soit consciente d'une telle profusion de beauté. Ce petit être qui naît, meurt, vit aujourd'hui et demain ne sera plus, c'est la seule conscience de cette beauté. Nous sommes conscients de cette beauté !

Gratuité du jeu

Triste est la personne qui ne sait pas rêver. Qui n'a pas la capacité de rêver. « Mais quel idiot ! Arrête ! Va au concret ! » Les rêves sont concrets, les rêves te font regarder l'horizon, ouvrent un peu ta vie, oxygènent ton âme. Ne perds pas ton aptitude à rêver, ne la perds pas. Il y a cette belle chanson italienne : *Nel blu dipinto di blu* – « Dans le bleu peint en bleu ». C'est un hymne à l'aptitude à rêver. Et à jouer. Mais le jeu, c'est aussi le langage de la gratuité. Une des pires calamités qui sévissent aujourd'hui dans le monde du football, c'est que l'on y perd la dimension du jeu. Le foot est devenu trop commercial. Alors que ce qui te fait grandir, c'est justement le jeu, son côté amateur. Le jeu est gratuit, c'est la gratuité. Ne perdez jamais de vue ce concept.

Qui ne sait pas jouer n'est pas une personne mûre

Une personne qui n'a pas appris à jouer dans l'enfance, dans son jeune âge, ne sera pas une personne mûre. Ce sera une personne divisée intérieurement, une personne stérile, incapable de faire un poème, inapte même à rêver. Jouer est important. Je vais vous faire une confidence. Quand je confesse de jeunes couples, et qu'ils me disent qu'ils ont deux ou trois enfants, je leur pose la question : « Laissez-moi vous demander… Vous jouez avec vos enfants ? » La plupart d'entre vous, un jour, auront des enfants, alors n'oubliez pas de jouer avec eux. Un papa et une maman capables de jouer avec leurs enfants, par terre, là, avec eux, voilà la sagesse, voilà ce qui permet à l'enfant de bien grandir.

Nous avons tous reçu un rêve

Qu'il est beau de trouver, parmi les objets que nos parents ont gardés, un de ces souvenirs grâce auxquels on imagine ce qu'ont rêvé pour nous nos grands-pères et grands-mères. Tout être humain, avant même sa naissance, a reçu de ses grands-parents, en cadeau, la bénédiction d'un rêve plein d'amour et d'espérance, le rêve d'une vie meilleure. Et quand ça ne vient pas des grands-parents, il y aura bien un arrière-grand-père pour avoir nourri ce rêve, pour s'être réjoui en contemplant au berceau ses propres enfants, puis ses petits-enfants. Le rêve primordial, le rêve créateur de Dieu notre Père précède et accompagne la vie de tous nos enfants. Faire mémoire de cette bénédiction, qui se transmet de génération en génération, est un héritage précieux que nous devons savoir garder vivant, afin de pouvoir le transmettre à notre tour.

C'est pourquoi il est bon de donner longuement la parole aux Anciens. Certes, leurs histoires pourront sembler quelquefois mythologiques, fantaisistes – ce sont les rêves de nos aînés –, mais elles sont riches bien souvent d'une précieuse expérience, de symboles éloquents, de messages cachés. Ces récits exigent du temps et de la disponibilité. Ils doivent être écoutés gratuitement et interprétés avec patience, car ils ne sauraient faire l'objet d'un message sur les réseaux sociaux. Nous devons accepter que toute la sagesse dont nous avons besoin dans la vie ne puisse être enfermée dans les limites imposées par les moyens de communication actuels.

Aimer la vérité, chercher la beauté

Quand l'homme se trouve, il cherche Dieu. Il ne parvient peut-être pas au but, mais sa quête de vérité le mène sur un chemin d'honnêteté, de bonté et de beauté. Pour moi, un jeune est sur la bonne voie quand il aime la vérité et la recherche, quand il aime et pratique la bonté, quand il aime et recherche la beauté. Il trouvera Dieu assurément ! Tôt ou tard, il le trouvera ! C'est un long chemin et certains passent leur vie sans le trouver, en tout cas pas d'une manière consciente. Mais d'autres sont vraiment dans la vérité, vraiment honnêtes avec eux-mêmes, vraiment bons et amoureux de la beauté. Ceux-là ont une personnalité plus mûre. Ils sont capables d'une rencontre avec Dieu, laquelle est toujours une grâce. Oui, la rencontre avec Dieu est une grâce. Dieu ne se rencontre pas par ouï-dire. Pas plus qu'on ne paie pour le rencontrer. C'est un chemin personnel, un chemin à parcourir, c'est ainsi que nous nous devons de rencontrer Dieu.

L'harmonie des différences

Saint Paul a écrit : « Réjouissez-vous toujours dans le Seigneur. […] Le Seigneur est proche » (*Philippiens*, IV, 4-5). J'aimerais vous poser à tous une question, et que chacun l'emporte dans son cœur comme une tâche à accomplir. J'aimerais que chacun y réponde personnellement. Chez toi, y a-t-il de la joie ? Y a-t-il de la joie dans ta famille ?

Chères familles, vous le savez bien, la vraie joie que l'on éprouve en famille n'est pas quelque chose de superficiel, elle ne vient pas des choses, ni de circonstances favorables… La joie naît d'une harmonie profonde entre les personnes, une harmonie que tous éprouvent dans leur cœur et qui nous fait goûter la beauté d'être ensemble, de s'appuyer les uns les autres sur le chemin de la vie. Mais à la base de ce sentiment de joie profonde, il y a la présence de Dieu, la présence de Dieu dans la famille, il y a son amour accueillant, miséricordieux, respectueux de tous. Et patient, surtout, la patience est une vertu de Dieu. Elle nous apprend à pratiquer un amour patient dans la famille, les uns envers les autres. À nous montrer patients les uns avec les autres. Dieu seul sait créer l'harmonie des différences. En perdant l'amour de Dieu, la famille perd l'harmonie ; alors les individualismes prennent le dessus et la joie s'éteint. En revanche, la famille qui vit la joie de la foi la communique spontanément, c'est le sel de la terre, c'est la lumière du monde, c'est le levain de toute la société.

Belles routes d'amour

L'amour conjugal et familial aussi révèle clairement la vocation de la personne à aimer de façon unique et pour toujours ; il nous dit que les épreuves, les sacrifices et les crises du couple, comme de la famille elle-même, sont des épreuves qui aident à grandir dans le bien, dans la vérité, dans la beauté. Au sein du mariage, on se donne entièrement, sans réserve, sans calcul ; on partage tout, les bienfaits comme les renoncements, en se confiant à la Providence de Dieu. Telle est l'expérience que les jeunes peuvent apprendre de leurs parents et grands-parents. C'est une expérience de foi en Dieu et de confiance réciproque, de profonde liberté et de sainteté, car la sainteté suppose de se donner avec fidélité et sacrifice chaque jour de sa vie ! Il peut y avoir des problèmes dans le mariage, des points de vue différents, des jalousies, des disputes. Mais il faut dire aux jeunes époux de ne jamais laisser la journée finir sans avoir fait la paix. Le sacrement du mariage se renouvelle dans cet acte de paix après une querelle, un malentendu, une jalousie cachée, et même un péché.

Faire la paix donne à la famille de l'unité. Il faut le dire aux jeunes, aux jeunes couples. Ce n'est pas un chemin facile. Mais il est si beau, si beau ! Il faut le dire !

Si les anciens ne rêvent pas, les jeunes ne verront pas

On trouve cette prédiction dans la prophétie de Joël : « Après cela, je répandrai mon esprit sur toute chair ; vos fils et vos filles prophétiseront, vos vieillards songeront des songes, Et vos jeunes gens verront des visions » (*Joël*, III, 1 et *Actes*, II, 17). En s'ouvrant à l'Esprit saint, les jeunes et les anciens produisent une merveilleuse combinaison. Les anciens rêvent et les jeunes ont des visions. De quelle façon les deux choses se complètent-elles ?

Les anciens ont des rêves tissés de souvenirs, des images de tout ce qu'ils ont vécu. Leurs souvenirs sont marqués par l'expérience et les années. Quand les jeunes s'enracinent dans les rêves des anciens, ils peuvent voir l'avenir, accueillir des visions qui ouvrent leur horizon et leur indiquent de nouveaux chemins. Mais si leurs aînés ne rêvent pas, les jeunes ne peuvent plus voir clairement l'horizon.

L'Esprit saint est harmonie

Il semble que l'Esprit saint crée du désordre dans l'Église. C'est qu'il porte la diversité des charismes, des dons. Pourtant, sous son action, tout cela est une grande richesse, car l'Esprit saint est esprit d'unité. Cela ne veut pas dire uniformité. Cela veut dire ramener l'ensemble à l'harmonie. Dans l'Église, c'est de l'Esprit saint que vient l'harmonie. Un Père de l'Église a eu une expression que j'aime beaucoup : *Ipse harmonia est.* L'Esprit saint *est* harmonie. De lui seul peuvent émaner la diversité, la pluralité, la multiplicité ; et c'est de lui, en même temps, que provient l'unité.

Bonne et mauvaise solitude

Il est important d'avoir des moments de solitude, loin du regard des autres. D'être toi avec toi-même. Face à ta conscience. Ça fait du bien. Il m'arrive de le faire. Grâce à Dieu, je ne me sens pas seul au sens où je n'aurais pas d'amis, où je n'aurais personne autour de moi. Je suis occupé, et cela aussi est une bonne chose. Je parle d'une bonne solitude. Il faut s'habituer à prévoir un moment de solitude dans sa journée, tous les deux ou trois jours… Un moment au cours duquel on pourra se dire : « Je suis seul, et j'ai envie de me pencher sur ce qui se passe dans ma vie. »

Il est aussi une solitude mauvaise. C'est celle que tant de gens éprouvent quand ils n'ont pas de travail, quand leurs amis s'éloignent. Cette solitude-là est malfaisante. Elle te fait du mal. Elle te pousse à la mélancolie, à des pensées méchantes, voire à des idées de jalousie, de vengeance : « Je suis seul et je cherche le moyen de faire du mal aux autres. » Nombreuses sont les formes de solitude ! Mais tout le monde a besoin d'un peu de bonne solitude, pas trop. Pour examiner ce qui se passe dans sa vie, à l'intérieur de lui-même… C'est quelque chose qui fait grandir.

Ni anxiété ni insécurité

Nous devons persévérer sur le chemin des rêves. Et donc nous méfier d'une tentation qui bien souvent nous joue de mauvais tours, l'anxiété. L'anxiété peut se révéler une grande ennemie quand elle nous pousse à capituler sous prétexte que les résultats se font attendre. Les rêves les plus beaux s'accomplissent avec espérance, avec patience, avec engagement, en renonçant à l'urgence. En même temps, ne nous laissons pas arrêter par peur de l'insécurité. Ne craignons pas de prendre des risques, quitte à commettre des erreurs. Ce qu'il faut redouter, c'est la paralysie. Ne soyons pas des morts vivants, des sujets qui ont peur de prendre des risques, de s'engager, de faire des erreurs. Si tu te trompes, tu pourras toujours relever la tête et recommencer, car personne n'a le droit de te voler ton espérance.

Sortir de soi-même

Une rencontre avec Dieu prend le nom d'« extase » quand elle nous détache de nous-mêmes et nous élève, quand nous sommes capturés par l'amour et la beauté de Dieu. Mais nous pouvons aussi être amenés à sortir de nous-mêmes pour reconnaître la beauté cachée en tout être humain, sa dignité, sa grandeur en tant qu'image de Dieu et Fils du Père. L'Esprit saint veut nous pousser à sortir de nous-mêmes, à embrasser les autres avec amour, à vouloir leur bien. Raison pour laquelle il me semble toujours préférable de vivre la foi ensemble et d'exprimer son amour au sein d'une vie communautaire, en partageant avec les autres son affection, son temps, sa foi et ses inquiétudes. L'Église offre de nombreux espaces où vivre la foi en communauté, car tout est plus facile ensemble.

N'oublie pas ta dignité

Les êtres humains sont capables de s'abaisser jusqu'à l'extrême, mais ils peuvent aussi se surpasser, choisir à nouveau le bien, se régénérer au-delà de toutes les formes de conditionnements psychologiques et sociaux qui leur sont imposés. Ils sont capables de poser sur eux-mêmes un regard honnête, de faire émerger leur propre dégoût et d'emprunter de nouveaux chemins en direction de la liberté. Aucun système ne peut annihiler complètement l'ouverture au bien, à la vérité, à la beauté, ni cette aptitude à réagir que Dieu continue d'encourager dans le fond de nos cœurs. À chaque personne vivant en ce monde, je demande de ne pas oublier sa dignité ; nul n'a le droit de la lui ôter.

La beauté du pain partagé

Il y a une beauté extraordinaire dans la communion de la famille réunie autour de la table, et du pain généreusement partagé, quand bien même la chère est très pauvre. Il y a de la beauté dans l'épouse aux cheveux gris qui continue de veiller sur son mari malade sans se soucier de ses propres forces, de sa propre santé. Certes, il est loin le printemps de leurs premières amours, mais qu'elle est belle la fidélité de ce couple qui s'aime à l'automne de sa vie, de ces petits vieux qui vont en se donnant la main. Il est une beauté qui dépasse les apparences ou l'esthétique. Elle se voit en tout homme, en toute femme qui vit avec amour sa vocation personnelle, le service désintéressé envers la communauté, envers la patrie, ses généreux efforts en vue du bonheur familial, son engagement dans le dur labeur anonyme et gratuit visant à restaurer l'amitié sociale. Découvrir, montrer, magnifier cette beauté qui rappelle celle du Christ sur la Croix, cela veut dire jeter les bases de la vraie solidarité sociale et de la culture de la rencontre.

Douleur et réconfort

Quand quelqu'un est malade, il arrive que l'on se dise après avoir pensé à faire venir le prêtre pour l'onction : « Non, ça porte malheur ! Ne l'appelons pas ! » Ou encore : « Ça risque de faire peur au malade ! » Pourquoi cette réaction ? Parce que le prêtre, croit-on, annonce le cimetière. Ce qui n'est pas vrai. Le prêtre vient pour aider le malade ou la personne âgée ; d'où l'importance de sa visite. Avec le prêtre, c'est Jésus lui-même qui vient soulager le malade, lui donner des forces, lui apporter espoir et soutien ; lui pardonner ses péchés aussi. Et c'est très beau ! Il n'y a pas de raison de voir la chose comme un tabou. En effet, il est toujours beau de savoir que nous ne sommes pas seuls dans les moments de douleur et de souffrance : le prêtre et ceux qui assistent à l'onction des malades représentent en fait toute la communauté chrétienne qui, tel un seul corps, se presse autour du mourant et de ses proches, nourrissant en eux la foi et l'espérance, les soutenant par la prière et par une chaleureuse fraternité. Mais le réconfort le plus important tient à ceci que c'est le Seigneur Jésus lui-même qui est présent pendant le sacrement. C'est lui qui nous prend par la main, nous caresse comme il l'a fait avec les malades, nous rappelle que désormais nous lui appartenons ; et que rien – pas même la maladie et la mort – ne pourra plus nous séparer de lui.

Bien sûr je ne parle pas des malades qui ont attrapé la grippe. Mais de ceux qui sont dans un état grave. Si chez nous c'est une habitude d'appeler le prêtre pour qu'il leur donne ce sacrement, ce réconfort, cette force de Jésus pour aller de l'avant, alors respectons-la !

Un rêve commun

Se rencontrer ne veut pas dire se fondre dans la masse, ni penser tous de la même manière, ou vivre exactement de la même façon en faisant et en répétant la même chose : nous ne sommes pas des perroquets. Se rencontrer a un sens bien différent. C'est être capable d'entrer dans la culture de la rencontre. La rencontre est un appel, une invitation à trouver le courage de nourrir la flamme d'un rêve commun. Nous sommes si différents ! Nous parlons des langues différentes, nous nous habillons de façons différentes, mais je vous en prie, essayons d'avoir un rêve en commun ! Car oui, c'est possible. Loin de nous détruire, cela nous enrichira. Un grand rêve, un rêve à même de nous impliquer tous. Ce rêve pour lequel Jésus a donné sa vie sur la Croix, pour lequel l'Esprit saint s'est répandu le jour de la Pentecôte, afin de l'inscrire en lettres de feu dans le cœur de tout homme, de toute femme, afin de l'imprimer dans le cœur de chacun avec l'espoir qu'il y trouvera de la place pour grandir et se développer. Un rêve, un rêve appelé Jésus, semé par le Père avec confiance, sachant qu'il allait vivre et grandir dans tous les cœurs. Un rêve concret, qui est une personne, qui circule dans nos veines, qui fait frémir le cœur et le fait tressaillir chaque fois que nous parviennent ces mots : « Aimez-vous les uns les autres. Comme je vous ai aimés, vous aussi vous vous aimerez les uns les autres. À ceci tous reconnaîtront que vous êtes mes disciples » (*Jean,* 13, 34-35).

III

Car Dieu est joyeux

Comme une étoile qui brille en moi

Il est urgent de renouer avec la dimension lumineuse qui est le propre de la foi. En effet, lorsque sa flamme s'éteint, ce sont toutes les autres lumières qui finissent par perdre de leur éclat. Car la lumière de la foi possède un caractère spécial. Elle est capable d'éclairer toute l'existence humaine. Une lumière aussi puissante ne saurait procéder de nous-mêmes. Elle doit venir d'une source plus originaire ; en définitive, elle doit venir de Dieu. La foi naît de la rencontre avec le Dieu vivant qui nous appelle et nous dévoile son amour, cet amour qui nous précède et sur lequel nous pouvons nous appuyer pour fonder et bâtir notre vie. Transformés par cet amour, nous recevons des yeux neufs et nous observons qu'en lui réside une grande promesse de plénitude, nous voyons s'ouvrir à nous le regard de l'avenir. La foi, reçue de Dieu comme un don surnaturel, se révèle une lumière pour notre chemin, une lumière qui guide nos pas dans le temps. D'un côté, elle procède du passé : c'est la lumière d'une mémoire fondamentale, celle de la vie de Jésus, où s'est manifesté son amour absolument fiable, capable de vaincre la mort. Mais en même temps, puisque Christ est ressuscité et nous attire au-delà de la mort, la foi est aussi lumière venue du futur. Elle nous indique de larges horizons, nous entraîne au-delà de notre « moi » isolé, vers l'amplitude de la communion. Nous comprenons alors que la foi ne réside pas dans l'obscurité ; que c'est une lumière pour nos ténèbres. Dans la *Divine Comédie*, Dante, ayant confessé sa foi à saint Pierre, la décrit comme une « étincelle » :

Tel est le principe, telle est l'étincelle
qui se dilate ensuite en flamme vive
Et brille en moi comme une étoile au ciel
(*Paradis*, XXIV).

C'est de cette lumière que je parle, afin qu'elle grandisse pour éclairer le présent et finisse par devenir l'étoile qui montre les horizons de notre route en un temps où l'homme a grandement besoin de lumière.

Ne soyons pas des chauves-souris dans la nuit

Il est des gens – nous aussi, bien souvent – qui ne peuvent plus vivre dans la lumière, tant ils sont habitués aux ténèbres. La lumière les éblouit. Ils n'y voient plus rien. Ces personnes-là sont des chauves-souris humaines : elles ne savent évoluer que dans le noir. Nous-mêmes, quand nous sommes dans le péché, nous tombons dans cette situation : nous ne supportons pas la lumière. « […] La lumière est venue en ce monde et les hommes ont mieux aimé les ténèbres que la lumière parce que leurs œuvres étaient mauvaises » (*Jean*, III, 19). Ainsi parle Jésus. Nous trouvons plus commode de vivre dans le noir. La lumière nous gifle. Elle nous met sous les yeux ce que nous n'avons pas envie de voir. Mais le pire, c'est que les yeux, les yeux de l'âme, à force de vivre dans les ténèbres, s'y accoutument tellement qu'ils en viennent à oublier ce qu'est la clarté. C'est ce que nous disent tous ces scandales, toute cette corruption. Les corrompus ne savent pas ce qu'est la lumière, ils ne la connaissent pas. Nous-mêmes, quand nous sommes en état de péché, quand nous nous éloignons du Seigneur, nous devenons aveugles, nous nous sentons plus à l'aise dans l'obscurité et donc nous continuons d'aller ainsi sans rien voir, tels des aveugles, à tâtons.

Dieu a envoyé Jésus pour nous sauver. « Moi la lumière, je suis venu en ce monde pour que quiconque se fie à moi ne demeure pas dans les ténèbres », dit Jésus (*Jean*, XII, 46). Alors faisons en sorte que cette lumière, la lumière de l'Esprit, pénètre en nous et nous aide à voir les choses sous l'éclairage de Dieu, sous la vraie clarté, et non dans le noir jeté sur nous par le seigneur des ténèbres.

Voilà la question que nous pouvons nous poser tous les jours : « Est-ce que je marche dans la lumière, ou est-ce que je marche dans les ténèbres ? Suis-je enfant de Dieu, ou ai-je fini par devenir une pauvre chauve-souris ? »

Ne deviens pas vieux avant l'heure

Nous voyons parfois s'affaiblir toute notre énergie, nos rêves et l'enthousiasme de notre jeunesse, en raison de la tentation de s'enfermer en nous-mêmes, dans nos problèmes, dans nos blessures affectives, dans la plainte et la facilité. Ne cède pas à cela si tu ne veux pas devenir vieux intérieurement, et avant l'heure.

La main tendue de Dieu

La maladie apporte toujours avec elle les grandes questions. Il arrive que notre première réaction soit de nous rebeller, voire de céder au désarroi, à la désolation. C'est le cri de la douleur et il est bien qu'il en soit ainsi : Jésus lui-même en a souffert et l'a fait sien. Par la prière, nous voulons nous aussi nous associer à son cri. En nous unissant à Jésus dans sa passion, nous découvrons la force de sa proximité avec notre propre fragilité, avec nos propres blessures. C'est une invitation à nous accrocher à sa vie, à son sacrifice. Si nous en appelons quelquefois au « pain de l'angoisse » et à « l'eau de la détresse », prions pour pouvoir trouver aussi dans une main tendue l'aide qui permet de trouver le réconfort venu du Seigneur, Lui qui « ne se tient pas caché » (*Isaïe*, XXX, 20), mais au contraire reste à nos côtés et nous accompagne.

Des flambeaux dans les heures sombres

Le thème du soin aux malades dans les phases critiques et terminales de la vie impose à l'Église de récrire la « grammaire » où se définit la prise en charge des personnes souffrantes. L'exemple du Bon Samaritain nous apprend qu'il est nécessaire de convertir le regard du cœur. En effet, bien souvent, on regarde sans voir. Pourquoi ? Par manque de compassion. Je songe à l'Évangile qui tant de fois écrit à propos de Jésus devant une personne souffrante : « Il eut pitié. » *Il eut pitié*, ce refrain dit qui est Jésus. Sans la compassion, celui qui regarde ne s'implique pas dans ce qu'il observe, il passe son chemin ; alors que celui dont le cœur a de la compassion est touché, concerné, il s'arrête pour prendre soin de l'autre.

Il faut créer autour du malade un véritable, un authentique plateau de relations humaines qui non seulement permettent les soins médicaux, mais ouvrent à l'espérance, en particulier dans ces situations limites où la douleur physique se double de détresse émotionnelle et d'angoisse spirituelle.

L'approche relationnelle – et pas seulement clinique – du malade considéré dans l'unicité et l'intégralité de sa personne impose le devoir de ne jamais abandonner quiconque est frappé d'un mal inguérissable. La vie humaine, par sa destination éternelle, conserve toute sa valeur et toute sa dignité, quel que soit l'état de la personne, quand bien même cette personne est faible, quand bien même elle est vulnérable ; la personne, comme telle, est toujours digne de toute la considération possible.

Sainte Thérèse de Calcutta a vécu la proximité et le partage en protégeant jusqu'à la fin la reconnaissance et le respect de la dignité humaine, et en humanisant le fait de mourir. Elle disait : « Il n'a pas vécu en vain, celui qui sur le chemin de la vie a allumé ne serait-ce qu'un flambeau dans la nuit d'une personne. »

Comment faire ?

Nous avons en commun la peur et l'incertitude. Tant de cœurs brisés ont besoin d'être réconfortés. Je songe à Jésus parlant de l'Esprit saint. Il employait un mot spécial : *paraclet*, qui veut dire « consolateur ». Vous êtes nombreux à avoir éprouvé sa consolation, cette paix intérieure qui fait que nous nous sentons aimés, cette force aimante qui toujours donne courage, même dans la souffrance. L'Esprit saint nous apporte la certitude de n'être pas seuls, Dieu nous soutient. Très chers, ce que nous avons reçu, il faut le donner en retour : nous sommes appelés à répandre la consolation de l'Esprit saint, la *proximité de Dieu*.

Mais comment faire ? Pensons à ce que nous voudrions avoir nous-mêmes : du réconfort, des encouragements, quelqu'un qui prenne soin de nous, quelqu'un qui prie pour nous, qui pleure avec nous, qui nous aide à affronter nos problèmes. Eh bien ! Tout ce que nous voudrions que les autres fassent pour nous, faisons-le (*Matthieu*, VII, 12). Voulons-nous être écoutés ? Écoutons. Avons-nous besoin d'encouragements ? Encourageons. Voulons-nous que l'on prenne soin de nous ? Prenons soin de qui est seul. À quoi bon renvoyer l'espérance à demain ? Donnons de l'espérance aujourd'hui.

Prie pour le don de l'espérance

L'espérance est un don de Dieu. Il faut la demander. Elle réside au plus profond du cœur de chacun, afin d'éclairer de sa lumière un présent souvent troublé, souvent assombri par toutes les circonstances qui mènent au chagrin et à la souffrance. Nous avons toujours besoin de renforcer les racines de notre espérance, pour qu'elle puisse porter des fruits. En premier lieu, la certitude de la présence et de la compassion de Dieu, malgré le mal que nous avons fait. Il n'existe dans notre cœur aucun lieu inaccessible à l'amour de Dieu. Là où quelqu'un s'est trompé, la miséricorde du Père se fait encore plus présente pour inspirer le repentir, le pardon, la réconciliation, la paix.

Le sourire venu de l'intérieur

Quand nous sommes dans le noir, dans les difficultés, nous n'avons pas le sourire, et c'est bien l'espérance qui nous apprend à sourire pour trouver le chemin qui mène à Dieu. Une des premières choses qui arrive à ceux qui se détachent de Dieu, c'est de perdre le sourire. Certes, on peut toujours rire aux éclats, et même plusieurs fois de suite, plaisanter, rigoler… Mais le sourire n'y est pas ! Le sourire, seule l'espérance le donne, il exprime l'espérance de trouver Dieu.

La vie est souvent un désert, marcher dans la vie est difficile. Mais si nous avons confiance en Dieu, elle peut devenir belle, large comme une autoroute. Il suffit de ne jamais perdre l'espérance. Il suffit de continuer à croire toujours, en dépit de tout. Quand nous sommes devant un enfant, même si nous avons beaucoup de problèmes, beaucoup de difficultés, un sourire nous vient de l'intérieur. C'est que nous rencontrons une espérance : un enfant, c'est de l'espérance ! Ainsi, nous devons être capables de distinguer dans la vie le chemin de l'espérance qui nous amène à trouver Dieu, Dieu qui pour nous s'est fait enfant. Et qui nous donnera le sourire, qui nous donnera tout !

La valeur des larmes

Ce qui manque au monde contemporain, ce sont les larmes ! Les exclus pleurent, ceux qu'on laisse sur le côté pleurent, les désespérés pleurent. Mais nous, nous dont la vie est à peu près convenable, nous ne savons pas pleurer. Or il est des réalités que l'on ne peut voir qu'avec des yeux lavés par les larmes. J'invite chacun de vous à se poser les questions suivantes : « Ai-je appris à pleurer ? Est-ce que je pleure quand je vois un enfant affamé, un enfant drogué dans la rue, un enfant sans maison, un enfant abandonné, un enfant abusé, un enfant dont la société a fait un esclave ? Mes pleurs ne se réduisent-ils pas aux larmes capricieuses de ceux qui en veulent davantage ? » C'est la première chose que je voudrais vous dire, apprenons à pleurer.

Dans l'Évangile, Jésus a pleuré. Il a pleuré la mort de son ami. Il a pleuré dans son cœur pour cette famille qui avait perdu une enfant. Il a pleuré dans son cœur en voyant une pauvre veuve emporter son fils au cimetière. Il s'est ému et il a pleuré dans son cœur en voyant que la foule était comme un troupeau sans berger. Si vous n'apprenez pas à pleurer, vous n'êtes pas de bons chrétiens. Et ceci est un défi.

Ouvrons grand les portes de la consolation

Si nous voulons être consolés, nous devons faire une place au Seigneur dans notre vie. Et pour que le Seigneur habite en nous durablement, il faut lui ouvrir la porte, pas le laisser dehors. Les *portes de la consolation* doivent toujours rester ouvertes. Car c'est par elles que Jésus aime entrer. Lire l'Évangile tous les jours, l'avoir toujours avec soi. La prière d'adoration silencieuse. La confession, l'eucharistie. Le Seigneur entre par ces portes-là, et donne aux choses une saveur nouvelle. Mais quand la porte du cœur se ferme, sa lumière n'entre pas et on reste dans le noir. Alors nous nous accoutumons au pessimisme, à ce qui ne va pas, au fait que rien jamais ne change. Et nous finissons par nous enfermer dans le chagrin, dans les souterrains de l'angoisse.

Nous sommes alors seuls en nous-mêmes. Si au contraire nous ouvrons grand les portes de la consolation, la lumière du Seigneur entrera !

Dieu fait toujours le premier pas

Le bien ne cesse de nous attirer, la vérité nous attire ; la vie, le bonheur, la beauté nous attirent… Jésus est le point de rencontre de cette attraction réciproque, de ce double mouvement. Il est Dieu et homme : Jésus. Dieu et homme. Qui prend l'initiative ? C'est toujours Dieu ! L'amour de Dieu vient toujours avant le nôtre ! L'initiative est toujours de son côté. C'est lui qui nous attend, lui qui nous invite : il est toujours à l'initiative. Jésus, c'est Dieu qui s'est fait homme, qui s'est incarné, qui est né pour nous. L'étoile nouvelle apparue aux mages était le signe de la naissance du Christ. S'ils ne l'avaient pas vue, les mages ne se seraient pas mis en route. La lumière nous précède, la vérité nous précède, la beauté nous précède. Dieu nous précède. Le prophète Isaïe comparait Dieu à la fleur d'amandier. Pourquoi ? Parce que l'amandier est le premier arbre à fleurir sur cette terre-là. Et parce que Dieu vient toujours en premier. C'est toujours lui qui nous cherche en premier. Lui qui fait le premier pas.

***Quand vient le temps de la maladie, nous connaissons Dieu* avec les yeux**

Même quand la maladie, la solitude et l'invalidité ont pris le dessus sur notre aptitude à donner, l'expérience de la douleur peut devenir le lieu privilégié pour la transmission de la grâce, une source où puiser et renforcer la *sapientia cordis*. On comprend ainsi pourquoi Job, au terme de son expérience, a pu affirmer en se tournant vers Dieu : « Je te connaissais par ouï-dire, mais désormais mes yeux t'ont vu » (*Job*, XLII, 5). Les personnes immergées dans le mystère de la souffrance et de la douleur, pour peu que ce mystère soit accueilli dans la foi, peuvent devenir elles aussi les témoins vivants d'une foi qui permet d'habiter cette souffrance, quand bien même l'homme est incapable de la comprendre avec son intelligence.

L'espérance ressemble à un casque

Un casque, voilà ce qu'est l'espérance chrétienne. Sur le sujet de l'espérance, il arrive que le mot s'entende dans son acception ordinaire, en référence à une chose belle et désirable qui se produira ou non. Nous espérons qu'elle se produira. C'est comme un souhait. Nous espérons qu'il fera beau demain tout en sachant que demain, il fera peut-être mauvais… L'espérance chrétienne, c'est bien différent. L'espérance chrétienne, c'est l'attente d'une chose qui s'est déjà accomplie. Il y a là-bas une porte, et j'espère l'atteindre.

Que dois-je faire ? Marcher vers cette porte ! Je suis sûr d'y arriver. Voilà ce qu'est l'espérance chrétienne : la certitude d'être en chemin vers une chose qui est, non vers une chose dont je voudrais qu'elle soit.

Pourquoi Dieu est-il joyeux ?

Le chapitre quinze de l'Évangile de Luc comprend les trois paraboles de la miséricorde : la brebis égarée, la pièce d'argent perdue, et le père avec ses deux fils, le fils « prodigue » et le fils qui se croit « juste », qui se croit saint. Cette dernière parabole, typique de saint Luc, est la plus longue. Mais les trois parlent de la joie de Dieu. Dieu est joyeux. Voici qui est intéressant, Dieu est joyeux ! Mais qu'est-ce que la joie de Dieu ? La joie de Dieu, c'est de pardonner. Pardonner ! C'est la joie du berger qui a retrouvé sa brebis ; la joie de la femme qui a retrouvé sa pièce d'argent ; la joie du père accueillant sous son toit le fils qui s'était égaré, qui était comme mort et qui revient à la vie, qui rentre à la maison. Tout l'Évangile est là ! Oui, là ! Tout le christianisme est là ! Mais attention, il ne s'agit pas de sentiment, ce n'est pas de la « bien-pensance ». La miséricorde, au contraire, est la force véritable, celle qui peut sauver l'homme et le monde de ce « cancer » qu'est le péché, le mal moral, le mal spirituel. Seul l'amour comble le vide, le gouffre de la négativité ouvert par le mal dans les cœurs et dans l'Histoire. Seul l'amour en est capable. Voilà ce qu'est la joie de Dieu !

La peur est mauvaise conseillère

À une jeune fille qui lui demande : « Moi, j'ai mes peurs, mais vous, de quoi avez-vous peur ? », le pape François répond : « De moi-même ! Peur… Regarde, dans l'Évangile, Jésus répète souvent : "N'ayez pas peur ! N'ayez pas peur !" Combien de fois ne l'a-t-il pas répété ! Et pourquoi donc ? Parce qu'il sait que la peur est une réaction normale. La vie nous fait peur. Nous avons peur devant les défis. Nous avons peur devant Dieu… Tous, nous avons peur, tous. Tu ne dois pas craindre d'avoir peur. Tu dois accepter de ressentir la peur. Mais demande-toi ensuite : "Pourquoi ai-je peur ?" Puis, devant Dieu et devant toi-même, essaie d'éclaircir la situation. Éventuellement, demande à quelqu'un de t'aider à le faire. La peur n'est pas bonne conseillère. Elle donne de mauvais conseils. Elle te pousse sur un chemin qui n'est pas le bon. C'est pourquoi Jésus a si souvent dit et répété : "N'ayez pas peur ! Il ne faut pas avoir peur !" Nous devons aussi apprendre à nous connaître nous-mêmes, tous, chacun de nous doit se connaître lui-même et chercher à comprendre quel est le domaine dans lequel il risque le plus de commettre des erreurs, celui qu'il convient de craindre un peu. Car il y a une mauvaise peur et une bonne peur. La bonne peur ressemble à la prudence, c'est une conduite avisée. "Regarde, tu es faible en ceci, en ceci, en cela, alors sois prudent, ne va pas tomber." La mauvaise peur est celle qui t'annule et t'anéantit. Elle t'anéantit, elle t'empêche de faire quelque chose. La voilà, la mauvaise peur. Celle dont il faut se débarrasser. »

Du moi *au* oui

L'épisode des deux disciples d'Emmaüs (*Luc*, XXIV, 13-35) est une histoire qui commence et finit *en chemin*. Il y a le voyage aller : les disciples ont quitté Jérusalem, attristés par la façon dont tout s'est achevé pour Jésus, et maintenant ils rentrent chez eux à Emmaüs, sur une route d'environ onze kilomètres. Ils voyagent de jour. Et la plupart du temps, ça descend. Puis il y a le retour, encore les onze kilomètres, mais cette fois à la tombée de la nuit, avec une bonne partie du trajet en montée, et dans les jambes la fatigue de l'aller et de la journée. Deux voyages, l'un de jour, facile, l'autre de nuit, fatiguant. Pourtant, si le premier se fait dans la tristesse, le second est joyeux. Dans le premier, le Seigneur est là, marchant avec eux, et ils ne le reconnaissent pas ; dans le second, ils ne le voient plus, mais perçoivent sa présence. Dans le premier, ils sont découragés, ils n'ont plus d'espoir ; dans le second, ils courent apporter aux autres la bonne nouvelle de leur rencontre avec Jésus ressuscité.

Ce que l'aller-retour effectué par ces premiers disciples nous dit, à nous disciples d'aujourd'hui, c'est qu'il y a dans la vie deux directions opposées. À l'aller, ils se laissent paralyser par les déceptions, ils cèdent à la tristesse. Pourtant, il est aussi un autre chemin : au lieu de se soucier d'eux-mêmes et de leurs problèmes, ils mettent au premier plan Jésus qui nous accompagne, et les frères qui attendent sa visite – autrement dit, les frères qui nous attendent pour que nous prenions soin d'eux. Voilà le changement, cesser de tourner autour de son propre moi, des déceptions passées, des idéaux non accomplis, de tous les échecs accumulés dans nos vies. Nous sommes trop souvent enclins à tourner et tourner encore autour de nous-mêmes… Il faut renoncer à cette attitude pour aller de l'avant, pour fixer nos regards sur les réalités les plus grandes et les plus vraies de la vie : *Jésus est vivant, Jésus m'aime. Et je peux faire quelque chose pour les autres.* Telle est la réalité la plus grande. C'est une belle réalité, positive, solaire ! La volte-face est celle-ci, passer de la pensée du *moi* à la réalité de mon Dieu ; passer du *moi* au *oui*. Donner le *moi* au *oui*.

L'Esprit saint accomplit des merveilles

« Naître d'en haut » (*Jean*, III, 7), c'est naître avec la force de l'Esprit saint. Nous, nous ne pouvons nous emparer de l'Esprit saint ; nous pouvons seulement le laisser nous transformer. Notre docilité lui ouvre la porte : c'est lui qui opère le changement, la transformation, cette renaissance venue d'en haut. C'est la promesse même de Jésus : envoyer l'Esprit saint (*Actes*, I, 8). L'Esprit saint est capable d'accomplir des merveilles, des choses auxquelles nous ne pouvons même pas penser.

Par exemple, cette première communauté chrétienne dont il est question dans les Actes des Apôtres. Elle n'a rien d'imaginaire. C'est un modèle, celui qu'il est possible d'atteindre en étant docile, en laissant entrer l'Esprit saint, en acceptant qu'il nous modifie. C'est une communauté, disons « idéale ». Il est vrai que les problèmes ont surgi aussitôt, mais le Seigneur nous montre jusqu'où on peut aller en s'ouvrant à l'Esprit saint, en étant docile. Dans cette communauté règne l'harmonie (*Actes*, IV, 32, 37). L'Esprit saint est le maître de l'harmonie, il est capable de la créer, et là, il l'a fait. Il doit aussi la créer dans notre cœur. Cela implique de nombreux changements, mais il doit la créer car il est harmonie lui-même. Avec l'harmonie, il peut faire naître des choses du genre de cette première communauté chrétienne. Il est vrai que l'Histoire – et ce même livre des Actes des Apôtres – fait état ensuite de bien des problèmes au sein de la communauté. Mais elle reste un modèle : le Seigneur a permis que se réalise le modèle d'une communauté quasi « céleste », pour nous indiquer le but à atteindre.

Hors des espaces étroits

« Vous êtes la lumière du monde. » La lumière dissipe l'obscurité et permet de voir. Jésus est la lumière qui a dissipé les ténèbres, et pourtant les ténèbres persistent dans le monde et chez les individus. Le devoir du chrétien est de les dissiper en faisant resplendir la lumière de Christ, en annonçant son Évangile. Le rayonnement peut venir des mots, mais il doit découler surtout de nos « bonnes actions ». Un disciple et une communauté chrétienne sont des lumières dans le monde quand elles orientent les autres vers Dieu, en aidant chacun à faire l'expérience de sa bonté, de sa miséricorde. Le disciple de Jésus est lumière quand il est capable de vivre sa foi en sortant des espaces étroits, quand il contribue à faire tomber les préjugés, à chasser les calomnies, à faire entrer la lumière de la vérité dans les situations souillées par l'hypocrisie et le mensonge. Éclairer. Il ne s'agit cependant pas de *ma* lumière ; c'est *celle de Jésus*. Nous sommes des instruments pour que la lumière de Jésus parvienne à tous.

Sans Toi, la nuit

« S'il nous avait libérés, si Dieu m'avait écouté, si j'avais eu la vie que je voulais, si j'avais eu ceci ou cela… » et ainsi de suite sur le ton de la jérémiade. Ces « si » ne font aucun bien, ils ne sont pas féconds, ils ne nous aident pas plus qu'autrui. Ils rappellent les lamentations des deux disciples sur le chemin d'Emmaüs (*Luc*, XXIV, 13-35). Sauf qu'eux sont passés au *oui* : « Oui, le Seigneur est vivant, il marche avec nous. Oui, nous reprenons la route pour aller l'annoncer, pas demain, mais tout de suite. » « Oui, je peux agir pour que les gens soient plus heureux, pour qu'ils soient meilleurs, pour aider un grand nombre d'entre eux. Oui, oui, je peux. » Du « moi » au « oui », des jérémiades à la joie, à la paix. En effet, quand nous nous plaignons, nous ne sommes pas dans la joie. Ça ne nous est d'aucune aide, ça ne nous fait pas progresser.

Ce changement de pied, ce passage du *moi* à Dieu, du *moi* au *oui*, comment s'est-il produit chez les disciples ? *En rencontrant Jésus* : les deux disciples d'Emmaüs commencent par lui ouvrir leur cœur ; puis ils l'écoutent expliquer les Écritures ; enfin, ils l'invitent chez eux. Ces trois passages, nous pouvons les accomplir nous aussi dans nos propres maisons. *Primo*, ouvrir notre cœur à Jésus, lui confier notre fardeau, nos peines, nos déceptions, lui confier notre « moi » ; puis, *secundo*, l'écouter, prendre en mains l'Évangile, lire immédiatement ce passage, le chapitre vingt-quatre de l'Évangile de Luc ; *tertio*, prier Jésus avec les mots mêmes de ces disciples ; « "Seigneur, reste avec nous" (29). Seigneur, reste avec moi. Seigneur, reste avec nous tous, car nous avons besoin de toi pour trouver le chemin. Sans Toi, c'est la nuit. »

Des chrétiens sans les Pâques

Il y a des chrétiens qui ont l'air d'avoir une tête de carême sans les Pâques. Mais je dois reconnaître que la joie ne se vit pas de la même façon dans toutes les étapes et circonstances de la vie, lesquelles sont très dures parfois. La joie s'adapte, se transforme, et toujours demeure au moins comme un éclat de lumière né d'une certitude personnelle, celle d'être aimé infiniment, au-delà de tout. Je comprends les personnes qui cèdent à la tristesse à cause des graves difficultés qu'elles endurent ; mais petit à petit, il faut permettre à la joie de la foi de commencer à s'éveiller, telle une confiance secrète et ferme pourtant, même au milieu de la pire détresse : « Et mon âme s'est écartée de la paix, j'ai oublié le bonheur. [...] Voici que je veux rappeler en mon cœur ce qui me donnera de l'espérance. Les grâces du Seigneur ne sont pas épuisées. Ses miséricordes ne sont pas à leur terme. Elles se renouvellent chaque matin. Oh ! que ta fidélité est grande ! [...] Il est bon d'attendre en silence le secours du Seigneur » (*Lamentations*, III, 17-26).

Merci *est une belle prière*

Nous sommes tous porteurs de joie. Y avez-vous pensé ? As-tu songé que tu étais porteur de joie ? Préférerais-tu être porteur de mauvaises nouvelles, de choses affligeantes ? Nous sommes tous capables d'apporter de la joie. Cette vie est le don que Dieu nous a fait : elle est trop courte pour être vécue dans la tristesse, dans l'amertume. Louons Dieu et soyons contents simplement d'exister. Regardons l'univers, regardons ses beautés, et regardons aussi notre propre croix en disant : « Mais Tu existes, Tu nous as faits ainsi, pour Toi. » Il est nécessaire de tendre l'oreille à cette inquiétude du cœur qui pousse à remercier et à louer Dieu. Nous sommes les enfants du grand roi, du Créateur, capables de lire sa signature dans tout le créé ; ce créé que nous ne protégeons pas aujourd'hui, alors qu'il porte la signature de Dieu et qu'il a été fait par amour. Le Seigneur nous fait comprendre cela toujours plus profondément, et nous amène à dire « merci ».

Ce « merci » qui est une belle prière.

L'Église, maison de consolation

Quand nous sommes unis, quand il y a communion entre nous, alors la consolation de Dieu opère. Dans l'Église, on trouve consolation. *L'Église est la maison de la consolation* : celle où Dieu a le désir de consoler. Voici la question que nous pouvons nous poser : « Moi qui suis dans l'Église, suis-je porteur de la consolation de Dieu ? Suis-je capable d'accueillir autrui avec hospitalité, de consoler celui que je vois épuisé et déçu ? » Même quand il endure des peines et des privations, le chrétien est toujours appelé à insuffler de l'espérance à qui est résigné, à ranimer qui a perdu confiance, à porter la lumière de Jésus, la chaleur de sa présence, le retour du pardon. Tant de gens souffrent ! Tant de gens traversent des épreuves et des injustices, vivent dans l'angoisse. Est nécessaire l'onction du cœur, cette consolation du Seigneur qui ne supprime pas les problèmes mais donne la force de l'amour, et permet de porter la douleur dans la paix.

Toujours se laisser surprendre

Il y a dans la Pentecôte un élément fondamental : la *surprise*. Notre Dieu est le Dieu des surprises, nous le savons. Nul n'attendait plus rien des disciples après la mort de Jésus, ils n'étaient plus qu'un groupuscule insignifiant de gens vaincus, orphelins de leur Maître. C'est alors que survient un événement inattendu et merveilleux : des gens de diverses nations sont troublés, car c'est dans leurs langues que les disciples parlent et disent les grandes œuvres de Dieu (*Actes*, II, 6-7. XI). L'Église qui naît à la Pentecôte est une communauté qui suscite de la stupéfaction parce qu'avec la force venue de Dieu, elle annonce un message nouveau – la Résurrection du Christ – dans une langue nouvelle – la langue universelle de l'amour. Les disciples sont revêtus de la puissance d'en-haut et parlent avec courage – quelques minutes auparavant, c'étaient tous des pleutres, et voilà qu'ils s'expriment avec bravoure et franchise, avec la liberté de l'Esprit saint.

C'est ainsi, l'Église a cette vocation. Elle doit toujours être capable de surprendre en annonçant à tous que Jésus Christ a vaincu la mort, que les bras de Dieu sont toujours ouverts, que sa patience est toujours là, qu'il nous attend pour nous guérir, pour nous pardonner. C'est vraiment pour cette mission-là que Jésus ressuscité a donné son Esprit à l'Église.

Attention ! Si l'Église est vivante, elle doit surprendre. C'est le propre de l'Église vivante, surprendre. Une église qui n'est pas capable de surprendre est une église fragile, malade, mourante ; elle doit se rétablir, être envoyée en réanimation, et tout de suite !

Composantes vitales

Partout dans le monde, Dieu dispose d'un peuple nombreux de grands-parents. Aujourd'hui, dans les sociétés sécularisées de beaucoup de pays, les générations de parents pour la plupart n'ont pas cette formation chrétienne, cette foi vivante que les grands-parents, eux, ont la possibilité de transmettre aux petits-enfants. Les anciens représentent le maillon indispensable pour éduquer à la foi les petits et les jeunes. Nous devons nous habituer à les inclure dans nos horizons pastoraux, à les considérer en permanence comme une des composantes vitales de notre communauté. Ce ne sont pas seulement des gens qu'il faut aider et protéger, sur lesquels il faut veiller ; ils peuvent être aussi les acteurs d'une pastorale évangélisatrice, les témoins privilégiés de l'amour fidèle de Dieu.

Un* catalogue *des maladies

Je ne trouverais pas inutile d'avoir un catalogue des maladies spirituelles, à l'exemple de ceux que dressaient les Pères du désert :

1. *La maladie qui consiste à se sentir* immortel, immunisé *et même* indispensable, au mépris des contrôles habituels et nécessaires. Une Curie qui refuse de s'autocritiquer, de se mettre à jour, qui n'essaie pas de s'améliorer, est un corps infirme. Une simple visite au cimetière permet de constater combien les noms y sont nombreux ! Il y avait peut-être parmi ces personnes des gens qui se pensaient immortels, immunisés, indispensables ! C'est la maladie du riche insensé de l'Évangile, qui croyait vivre éternellement (*Luc*, XII, 13-21). C'est celle

de ceux qui se transforment en patrons et se sentent supérieurs aux autres au lieu de se mettre à leur service. Cette maladie découle souvent de la pathologie du pouvoir, du « complexe des élus », du narcissisme qui pousse à protéger passionnément sa propre image et à ne pas voir l'image de Dieu imprimée sur le visage des autres, particulièrement des faibles et des nécessiteux. L'antidote, pour cette épidémie, c'est la grâce de se sentir pécheur, et de pouvoir dire de tout son cœur : « Nous sommes des serviteurs inutiles. Nous avons fait ce que nous devions faire » (*Luc*, XVII, 10).

2. *Le marthisme (d'après Marthe), autrement dit la tendance à une activité excessive* : certains se noient dans le travail au point d'en oublier, inévitablement, la « meilleure part », celle qui consiste à s'asseoir aux pieds de Jésus. Celui-ci n'a-t-il pas demandé à ses disciples de « se reposer un moment » (*Marc*, VI, 31) ? Négliger le repos nécessaire conduit au stress et à l'agitation. Le temps du repos est indispensable à qui a mené à bien sa mission. Il est essentiel. Il doit donc être pris au sérieux. Consacrer un peu de temps à ses proches, respecter les fériés comme moments de récupération spirituelle et physique. Écoutons l'enseignement de l'Ecclésiaste : « Il y a un temps pour tout, un temps pour chaque chose sous les cieux » (III, 1).

3. *La* calcification *mentale et spirituelle* : c'est la maladie de ceux qui ont un cœur de pierre et la tête dure. Ils perdent en route leur sérénité intérieure, leur vivacité, leur audace ; cachés sous la paperasse, ils ne deviennent pas des « hommes de Dieu » mais des « machines à faire ». Perdre sa sensibilité humaine est dangereux, car la sensibilité est nécessaire pour pleurer avec ceux qui pleurent, pour se réjouir avec ceux qui sont heureux ! C'est le mal de ceux qui ont perdu les « sentiments qui étaient en Jésus Christ ». Leur cœur, endurci avec le temps, est devenu incapable d'aimer inconditionnellement le Père et son prochain. Alors qu'être chrétien, c'est précisément avoir en soi les « sentiments qui étaient en Jésus Christ » : humilité, don, détachement, générosité (*Philippiens*, II, 5).

4. *L'excès de planification et le fonctionnalisme* : c'est l'apôtre qui se met à tout planifier minutieusement, et se persuade que les choses progressent efficacement du fait d'une anticipation parfaite. C'est ainsi qu'il se transforme en comptable ou en commercial. Tout bien préparer est chose nécessaire, mais on ne doit jamais céder à la tentation de vouloir enfermer l'Esprit saint, de vouloir l'orienter. L'Esprit saint restera toujours plus grand et plus généreux que n'importe quelle planification. Pourquoi en vient-on à tomber dans cette maladie ? Parce qu'il est plus simple, plus commode de se plier à son propre immobilisme. Mais l'Église se montre fidèle à l'Esprit saint dans la mesure où

elle ne prétend pas l'obliger, le domestiquer. Domestiquer l'Esprit saint ! Lui qui est fraîcheur, fantaisie, nouveauté.

5. *La mauvaise coordination* : on a cette maladie quand les membres cessent de communier entre eux ; quand le corps, ayant perdu son harmonieuse fonctionnalité et sa maîtrise de soi, devient un orchestre qui produit seulement du bruit ; quand ses membres ne collaborent pas et ne partagent pas l'esprit de communion, l'esprit d'équipe. Quand le pied dit au bras « Je n'ai pas besoin de toi ! » et que la main dit à la tête « C'est moi qui commande ! ». Dès lors, le malaise est là, et le scandale.

6. *L'Alzheimer spirituel.* C'est ce qui arrive quand on oublie sa propre histoire du salut, l'histoire de sa relation personnelle avec le Seigneur, son « premier amour ». On observe un déclin progressif des facultés spirituelles qui, dans un laps de temps plus ou moins long, génère de lourds handicaps et rend la personne incapable de développer une activité autonome ; cette personne se met à dépendre complètement de ses vues souvent imaginaires. Ce mal s'observe chez ceux qui ont perdu le souvenir de leur rencontre avec le Seigneur ; chez ceux qui n'ont pas le sens « deutéronomique » de la vie ; chez ceux qui dépendent entièrement de leur présent, de leurs passions, caprices et manies ; chez ceux qui dressent autour d'eux des murs et des habitudes, devenant ainsi chaque jour un peu plus les esclaves des idoles sculptées de leurs propres mains.

7. *La maladie de la rivalité et de la vaine gloire* : il arrive que l'apparence, la couleur des vêtements et les symboles honorifiques acquièrent une importance primordiale, au mépris des paroles de saint Paul : « Ne faites rien par esprit de rivalité ou de vaine gloire, mais que l'humilité vous fasse regarder les autres comme supérieurs à vous-mêmes. Que chacun, au lieu de considérer ses propres intérêts, considère aussi ceux des autres » (*Philippiens*, II, 3-4). C'est la maladie qui nous pousse à être des hommes et des femmes faux, à vivre un faux mysticisme, un faux « quiétisme ». Ces hommes, ces femmes, le même saint Paul les qualifie d'« ennemis de la Croix du Christ » car ils « se vantent de ce dont ils devraient avoir honte, et pensent seulement aux choses terrestres » (*Philippiens*, III, 18-19).

8. *La schizophrénie existentielle* : ceux qui en souffrent mènent une double vie. C'est le fruit d'une hypocrisie propre au médiocre, d'un vide spirituel qui se creuse progressivement et que ne parviennent pas à combler les décorations et les titres académiques. Elle frappe souvent ceux qui ont abandonné le service pastoral pour s'en tenir à des besognes bureaucratiques, au point de perdre le contact avec la réalité, avec les personnes concrètes. S'étant créé un monde parallèle dans lequel est mise de côté la morale rigoureuse qu'ils dispensent aux autres, ils s'engagent dans une vie clandestine, souvent dissolue. Cette maladie gravissime exige une conversion absolument urgente, indispensable.

9. *La maladie du bavardage, des commérages et de la médisance.* J'en ai souvent parlé, mais ce n'est jamais assez. C'est une maladie grave, qui peut démarrer simplement, juste histoire de bavarder. Elle s'empare de la personne qui devient alors « semeuse de zizanie » (comme Satan) et, dans bien des cas, se met à « tuer de sang-froid » la réputation de ses propres collègues et confrères. C'est la maladie des gens lâches. N'ayant pas le courage de parler franchement aux autres, ils leur cassent du sucre sur le dos. Saint Paul nous met en garde sur elle : « Faites tout sans murmures ni hésitations, pour devenir irréprochables et purs… » (*Philippiens*, II, 14-15). Mes frères, méfions-nous de ce terrorisme appelé commérage !

10. *Idéaliser les chefs* : ces sujets-là aiment à courtiser leurs supérieurs, en espérant entrer dans leurs bonnes grâces. Ils sont victimes de leur carriérisme. Au lieu d'honorer Dieu, ils honorent des personnes. Ils vivent leur service en se souciant seulement de ce qu'ils peuvent en retirer, non de ce qu'ils ont à donner. Ils sont mesquins, malheureux. Rien ne les inspire, à part leur fatal égoïsme. Ce mal est susceptible de frapper même les supérieurs, quand ils en viennent à flatter leurs collaborateurs pour obtenir leur soumission, leur loyauté, pour les mettre dans un état de dépendance psychologique, avec pour seul résultat de faire d'eux des complices.

11. *L'indifférence envers les autres* : quand quelqu'un ne pense plus qu'à lui-même, perd la sincérité et la chaleur des rapports humains. Quand, ayant le plus d'expertise, il refuse de mettre ses connaissances au service de ses collègues moins compétents. Quand, ayant eu vent d'une information importante, il la garde pour lui au lieu de la partager. Quand, par jalousie ou par ruse, il se réjouit de voir quelqu'un tomber, au lieu de l'aider à se relever, de lui donner courage.

12. *La maladie de la tête d'enterrement* : certains sont toujours mécontents et revêches. Ils s'imaginent que pour être sérieux, il faut avoir une figure mélancolique et sévère, traiter les autres avec rigueur, brutalité et arrogance – surtout quand ces derniers sont regardés comme des inférieurs. En réalité, la sévérité théâtrale et le pessimisme stérile sont souvent symptômes de peur et de manque de confiance en soi. L'apôtre doit s'efforcer d'être courtois, serein, enthousiaste et gai ; il doit répandre la joie partout où il va. Un cœur empli de Dieu est un cœur heureux qui irradie, dont la joie contagieuse touche tout son entourage. On s'en aperçoit tout de suite ! Ne perdons pas cet esprit de joie, cet humour, voire cette autodérision qui fait de nous des gens aimables, même dans les circonstances difficiles. Comme ça fait du bien, une bonne dose d'humour bien placé ! Comme ça fait du bien, de réciter souvent la prière de saint Thomas More : « Seigneur, donne-moi de l'humour, afin que je tire

quelque bonheur de cette vie, et que j'en fasse profiter les autres !… » En ce qui me concerne, je la dis tous les jours, et ça me fait grand bien.

13. *Le besoin d'accumuler* : c'est l'apôtre qui s'efforce de combler le vide existentiel de son cœur en amassant des biens matériels, non par nécessité mais juste pour se rassurer. Nous savons pourtant que nous ne pourrons emporter aucun bien matériel, puisque le « linceul n'a pas de poche ». Tous nos trésors terrestres – y compris quand ce sont des cadeaux – ne pourront jamais combler ce vide, ils ne feront même que le creuser davantage, le rendre toujours plus exigeant. À ces malades, le Seigneur répète : « Tu dis : “Je suis riche, je me suis enrichi, je n'ai besoin de rien”, ignorant que tu es un malheureux, un misérable, un pauvre homme aveugle et nu. Alors, sois zélé. Convertis-toi ! » L'accumulation ne fait qu'alourdir. Elle ralentit la marche, inexorablement ! Une anecdote me revient à l'esprit. Il fut un temps où les jésuites espagnols décrivaient leur compagnie comme la « cavalerie légère de l'Église ». Un jeune jésuite déménageait. Tandis qu'il chargeait sur un camion sa grande quantité de biens – bagages, livres, objets et cadeaux –, une remarque lui parvient, prononcée derrière lui avec le sourire, par un sage et vieux prêtre : « Est-ce-là ce qu'on appelle la cavalerie légère de l'Église ? » Nos déménagements révèlent des symptômes de cette maladie.

14. *La maladie des circuits fermés* : quand l'appartenance à un groupuscule domine l'appartenance au corps et, dans certaines situations, au Christ lui-même. Cette maladie aussi part toujours de bonnes intentions, mais avec le temps elle asservit les membres en devenant un cancer, une menace pour l'harmonie du corps, et la cause de grands maux – des scandales –, en particulier vis-à-vis des plus fragiles de nos frères. L'autodestruction, le « feu ami » des camarades est le plus sournois des dangers. C'est le mal qui frappe de l'intérieur ; et, comme dit le Christ, « tout royaume divisé contre lui-même court à sa ruine » (*Luc*, XI, 17).

15. La dernière maladie est celle du *profit mondain et de l'exhibitionnisme* : l'apôtre qui en est atteint transforme son service en pouvoir, et son pouvoir en marchandise pour générer un profit mondain ou davantage de pouvoir. C'est la maladie de ces insatiables qui cherchent à accroître leurs pouvoirs et qui, dans ce but, peuvent aller jusqu'à la calomnie, la diffamation, le discrédit jeté sur autrui, y compris par le truchement de la presse. L'idée est naturellement de se faire valoir, de se montrer supérieur aux autres. Cette maladie aussi cause beaucoup de dégâts dans le corps, car elle nourrit l'idée que la fin justifie tous les moyens, et opère souvent au nom de la justice et de la transparence ! Je me rappelle un prêtre qui convoquait les journalistes pour leur faire – quitte à les inventer – des révélations se rapportant à la vie privée de ses confrères et des paroissiens. La seule chose qui comptait pour

lui, c'était d'avoir sa photo en couverture des journaux. Ainsi il se sentait puissant. Il avait l'impression de briller. Mais en faisant cela, il blessait les autres et l'Église. Le pauvre ! Mes frères, ces maladies, ces tentations représentent évidemment un danger pour tous les chrétiens comme pour toute curie, communauté, congrégation, paroisse, mouvement ecclésial ; elles sont susceptibles de frapper au niveau individuel comme au niveau communautaire.

Ne soyez pas des poupées vides !

Comment les jeunes peuvent-ils faire une place à Dieu dans une société frénétique, focalisée seulement sur la compétitivité et sur la production ? Il est habituel que des personnes, des communautés et même des sociétés entières, derrière une apparence de haut développement, aient une vie intérieure pauvre et étriquée, une âme et une vitalité éteintes ; on dirait des poupées vides. Tout leurre est source d'ennui. Ces jeunes-là ne rêvent plus. Et c'est terrible, un jeune qui ne rêve plus, un jeune qui ne fait pas de place au rêve, qui ne laisse pas entrer Dieu, qui ne s'ouvre pas aux désirs qui rendront sa vie féconde. Il y a des hommes et des femmes qui ne savent plus rire, qui ne jouent pas, qui ont perdu le sens de la surprise et de l'émerveillement. Ces hommes et ces femmes vivent comme des zombies. Leur cœur a cessé de battre. Pourquoi ? Parce qu'ils sont incapables de célébrer la vie avec les autres. Écoutez-moi, vous serez heureux, vous serez féconds si vous conservez la capacité de célébrer la vie avec les autres. Combien de riches dans le monde, riches matériellement et cependant esclaves d'une solitude sans égale ! Je pense à la solitude dont souffrent tant de jeunes et d'adultes. Ils vivent dans nos sociétés prospères, mais comme des anonymes. Mère Teresa, qui œuvrait auprès des plus pauvres parmi les pauvres, a prononcé un jour des mots prophétiques, des mots précieux : « La solitude et le sentiment de ne pas être aimé représentent la plus terrible des pauvretés. »

La joie qui jaillit de la compassion

L'Église se félicite de l'action de Dieu dans les autres religions, elle « ne rejette pas ce qu'il y a en elles de vrai et de saint. Elle considère avec un respect sincère leurs façons d'agir et de vivre, ces préceptes, ces doctrines qui bien souvent projettent un rayon de cette vérité qui éclaire tous les hommes ». Toutefois, en tant que chrétiens, nous ne pouvons cacher que « si la musique de l'Évangile cessait de vibrer dans nos entrailles, nous perdrions la joie jaillie de la compassion, la tendresse née de la confiance, l'aptitude à la réconciliation qui trouve sa source dans la certitude d'être toujours des envoyés-pardonnés. Si la musique de l'Évangile cessait de se faire entendre dans nos maisons, sur nos places, dans nos lieux de travail, dans la politique et l'économie, nous perdrions la mélodie qui nous incite à lutter pour la dignité de chaque homme, de chaque femme ». D'autres s'abreuvent à d'autres fontaines. Pour nous, cette source de dignité humaine et de fraternité se trouve dans l'Évangile de Jésus Christ. D'elle, « jaillit pour la pensée chrétienne et pour l'action de l'Église le primat accordé à la relation, à la rencontre avec le mystère sacré de l'autre, à la communion universelle avec l'humanité entière comme vocation de tous ».

IV

Ce qui nous délivre de la tristesse

Dans un tourbillon de pensées

Le patriarche Jacob, après avoir fait traverser le torrent à tous ses gens et à toutes ses bêtes – et celles-ci sont nombreuses –, se retrouve seul sur une rive étrangère. Il se demande ce qui l'attend demain. Quelle sera la réaction d'Esaü, son frère, à qui il a volé son droit d'aînesse ? L'esprit de Jacob est la proie d'un tourbillon de pensées… Et tandis que la nuit tombe, un inconnu surgit, l'appréhende et commence à se battre avec lui. Selon le catéchisme, la « tradition spirituelle de l'Église a vu dans ce récit le symbole de la prière comme combat de la foi et victoire de la persévérance ».

Jacob lutte toute la nuit sans jamais céder à son adversaire. À la fin, cependant, il est frappé par son rival d'un coup au nerf sciatique qui le rendra boiteux pour le restant de ses jours. Le mystérieux attaquant demande alors au patriarche de décliner son nom, et lui dit ensuite : « On ne t'appellera plus Jacob, mais Israël, car tu as lutté avec Dieu et avec les hommes, puis vaincu ! » (*Genèse*, XXXII, 29). Il lui change son nom. Il lui change sa vie. Il modifie sa conduite. C'est alors que Jacob à son tour demande : « Dis-moi ton nom. »

L'attaquant ne révèle pas son nom à Jacob, en revanche il le bénit. Et Jacob comprend qu'il a rencontré Dieu en « face à face » (verset 31).

Lutter avec Dieu, c'est une métaphore de la prière. En d'autres circonstances, Jacob s'était montré capable de dialoguer avec Dieu, de le percevoir comme une présence amie, voisine. Mais cette nuit-là, de ce combat qui dure et qui a manqué le voir succomber, le patriarche sort transformé. Il a changé de nom, de façon de vivre, de personnalité, il a changé. Pour une fois, ce n'est pas lui qui domine la situation – sa ruse ne lui sert à rien. Il n'est plus le stratège, le calculateur. Dieu l'a ramené à sa vérité de mortel qui tremble, qui a peur. Car Jacob, lors du combat, a eu peur. Pour une fois, il n'a rien d'autre à présenter à Dieu que sa faiblesse, son impuissance, ses péchés. Et il reçoit de Dieu la bénédiction avec laquelle il entrera en boitant dans la Terre promise : vulnérable, fragile, mais doté d'un cœur renouvelé.

Jacob, d'abord, était sûr de lui, il avait confiance en sa propre habileté. C'était un homme imperméable à la grâce, réfractaire à la miséricorde ; il ne savait pas ce que c'était que la miséricorde, il n'avait pas l'impression d'en avoir besoin. « Ici, c'est moi ! C'est moi qui commande ! » Mais Dieu a sauvé ce qui était perdu. Il lui a révélé ses limites. Il lui a fait comprendre qu'il était un pécheur et qu'il avait besoin de miséricorde. Il l'a sauvé.

Le désert et les graines de bien

Combien de fois ne nous semble-t-il pas que les graines de bien et d'espérance que nous essayons de semer sont étouffées par les ronces de l'égoïsme, de l'hostilité et de l'injustice, non seulement dans notre entourage mais dans nos cœurs eux-mêmes ! Il est dérangeant de voir se creuser dans nos sociétés la fracture entre les riches et les pauvres. Des signes montrent une idolâtrie de la richesse, du pouvoir et du plaisir, phénomène qui a un coût très élevé dans la vie des hommes. Près de nous, nombre d'amis et de proches, quand bien même ils jouissent d'une grande prospérité matérielle, souffrent de pauvreté spirituelle, de solitude et d'un secret désespoir. Tout se passe comme si Dieu s'était effacé de leur horizon. Comme si un désert spirituel se répandait dans le monde entier. Les jeunes aussi sont frappés : l'espérance trop souvent leur est volée, quand ce n'est pas la vie elle-même. Et c'est pourtant le monde dans lequel vous êtes appelés à aller témoigner de l'Évangile de l'espérance, de l'Évangile de Jésus Christ et de la promesse de son royaume.

Ce qui nous libère de la tristesse

Être serviteurs les uns des autres, être des serviteurs ! C'est ainsi que le Seigneur nous libère des ambitions et rivalités qui minent l'unité de la communion. Il nous libère de la méfiance, de la tristesse – cette tristesse est dangereuse parce qu'elle nous met à terre, faites-y bien attention ! Il nous libère de la peur, du vide intérieur, de l'isolement, des remords et des lamentations. Car dans nos communautés aussi on observe beaucoup d'attitudes négatives qui poussent les individus à se référer seulement à eux-mêmes, à vouloir se protéger plutôt que se donner. Mais le Christ nous libère de cette grisaille existentielle. « Tu es mon aide et ma libération », dit le psaume quarante (verset 18). C'est pourquoi les disciples, nous, les disciples du Seigneur, bien que faibles et pécheurs – nous le sommes tous ! –, sommes appelés à vivre joyeusement et courageusement notre foi, la communion avec Dieu et avec nos frères, l'adoration de Dieu ; à affronter avec force les peines et les épreuves de la vie.

Dans nos luttes

Dieu lui-même est celui qui prend l'initiative et choisit, comme il l'a fait avec Marie, d'entrer dans nos maisons, de prendre part à nos luttes quotidiennes, pleines d'angoisses et de désirs aussi. Et c'est véritablement dans nos villes, dans nos écoles, dans nos universités, sur nos places, dans nos hôpitaux que s'accomplit la plus belle annonce qu'il soit possible d'entendre : « Réjouis-toi ! Le Seigneur est avec toi ! » Cette joie génère la vie, elle génère de l'espérance, elle se fait chair dans notre façon de regarder les lendemains, de regarder les autres. Cette joie devient solidarité, hospitalité, miséricorde envers tous.

Un combat permanent

La vie chrétienne est un combat permanent. Il faut de la force et du courage pour résister aux tentations du diable et annoncer l'Évangile. Cette lutte est très belle, car elle permet de faire la fête chaque fois que dans nos vies, c'est le Seigneur qui gagne.

De fortes racines pour ne pas s'envoler

Il m'est arrivé de voir de jeunes et beaux arbres dresser leurs branches vers le ciel, toujours plus haut. On aurait dit des chants d'espoir. Puis je les ai revus après qu'une tempête les avait jetés à terre, ils étaient sans vie. Ayant élevé leurs branches sans enfoncer de profondes racines dans le sol, ils avaient cédé aux assauts de la nature. C'est pourquoi je souffre de voir certains proposer aux jeunes de bâtir un avenir privé de racines, comme si le monde commençait maintenant. En effet, comment grandir si l'on n'a pas de fortes racines pour nous aider à bien nous tenir debout, à être bien rattachés à la terre ? Grand est le risque de « s'envoler » quand on n'est rattaché à rien, fixé à rien.

L'audace de vivre

La sainteté est *parrhésie* : audace, dynamique évangélisatrice qui laisse un signe en ce monde. Pour la rendre possible, Jésus lui-même vient à notre rencontre et nous répète avec sérénité et fermeté « N'ayez pas peur » (*Marc*, VI, 50). Il dit aussi : « Je suis avec vous tous les jours, jusqu'à la fin du monde » (*Matthieu* XXVIII, 20). Ces paroles nous permettent d'avancer et de servir avec cette attitude pleine de courage que suscite l'Esprit saint chez les apôtres quand il les pousse à aller annoncer Jésus Christ. Audace, enthousiasme, libre parole, ferveur apostolique, toutes ces notions sont incluses dans le vocable *parrhésie*. C'est aussi le mot par lequel la Bible exprime la liberté d'une existence ouverte, celle qui se met à la disposition de Dieu et de ses frères.

Ceux qui déplacent des montagnes

Nous aussi, comme les apôtres, nous disons au Seigneur Jésus : « Fais grandir la foi en nous ! » Oui, Seigneur, notre foi est petite, notre foi est faible, fragile, mais nous te l'offrons comme elle est, pour que tu la fasses grandir. Et quelle est la réponse du Seigneur ? La voici : « Si vous aviez de la foi gros comme une graine de sénevé, vous diriez à ce mûrier : "Déracine-toi et plante-toi dans la mer", et il vous obéirait » (*Luc*, XVII, 6). La graine de sénevé est minuscule. Mais d'après Jésus, il suffit de posséder une foi de cette taille, minuscule mais vraie, sincère, pour accomplir des choses humainement impossibles, impensables. Et c'est la vérité ! Nous connaissons tous des personnes simples, humbles, mais dont la foi est si puissante qu'elle pourrait en effet déplacer des montagnes ! Pensons par exemple à ces mères et ces pères qui affrontent des situations très lourdes ; ou à ces malades, parfois gravement atteints, qui communiquent de la sérénité à ceux qui les visitent. Ces gens, du fait précisément de leur foi, ne se vantent pas de ce qu'ils ont fait. Au contraire, comme Jésus nous le demande, ils disent : « Nous sommes des serviteurs inutiles. Nous avons fait ce que nous devions faire » (*Luc*, XVII, 10). Tant d'entre nous possèdent cette foi puissante, humble, si bénéfique !

Ne jamais s'estimer vaincu

Une des tentations les mieux à même d'étouffer la ferveur et l'audace, c'est le sentiment de défaite qui nous rend pessimistes, mécontents, désenchantés, et nous donne triste figure. Nul ne saurait partir au combat s'il ne commence par croire dur comme fer au triomphe. Qui attaque sans confiance a déjà perdu la moitié de la bataille, il enterre ses talents. Même si nous avons douloureusement conscience de notre fragilité, nous devons aller de l'avant sans nous estimer vaincus, en nous rappelant ce que le Seigneur dit à saint Paul : « Ma grâce te suffit, car ma puissance est accomplie par la faiblesse » (II, *Corinthiens*, XII-9). Le triomphe chrétien est toujours une croix, mais cette croix est aussi le drapeau de la victoire brandi avec une tendre pugnacité devant les assauts du mal. Fruit d'une défiance anxieuse et égocentrique, le mauvais esprit de la défaite est frère de cette tentation qui voudrait séparer avant l'heure le bon grain de l'ivraie.

Une lumière qui ne s'éteint pas

Nos vies aussi comportent différentes étoiles, ces clartés qui brillent et orientent. À nous de choisir lesquelles suivre. Il est par exemple des lumières *intermittentes* qui s'allument puis s'éteignent. Elles ressemblent aux petites satisfactions de la vie : si agréables soient-elles, elles ne sauraient suffire car elles sont éphémères et ne nous procurent pas la paix recherchée. Il y a ensuite la lumière *aveuglante*, celle des feux de la rampe, celle de l'argent et du succès, celle qui promet tout, tout de suite, elle est séduisante, mais si forte qu'elle nous aveugle et nous fait passer des rêves de gloire aux plus épaisses ténèbres. Les Mages, eux, nous invitent à suivre une lumière *constante*, *une clarté aimable* qui ne s'éteint jamais parce qu'elle n'est pas de ce monde, elle vient du ciel et resplendit… Où ? Dans le cœur.

Cette vraie lumière est la lumière du Seigneur ou, mieux encore, elle est *le Seigneur lui-même*. Lui est notre lumière, une lumière qui n'aveugle pas, mais accompagne et procure une joie unique.

Être vraiment libres

Face à la pression des événements et des modes, nous ne pourrons jamais trouver seuls le bon chemin. Et si d'aventure nous le trouvons, nous n'aurons pas assez de force pour tenir, pour affronter les côtes et les obstacles imprévus. Ici intervient l'invitation du Seigneur Jésus : « Si tu le veux... suis-moi. » Il ne nous invite pas pour nous exploiter, ni pour faire de nous ses esclaves, mais pour marcher à nos côtés, pour nous rendre libres. C'est ainsi. C'est *seulement avec Jésus*, en le priant, en le suivant, que l'on acquiert une claire vision des choses, et la force de la mettre en avant. Son amour à lui est définitif. Il nous a définitivement choisis. Définitivement, il s'est donné à chacun. Il est notre défenseur et notre grand frère, il sera notre seul juge. Qu'il est beau de pouvoir affronter les vicissitudes de l'existence en compagnie de Jésus, d'avoir avec nous sa personne et son message ! Il ne nous prive ni d'autonomie ni de liberté. Au contraire, il détruit notre fragilité, il nous permet d'être véritablement libres, libres de faire le bien, forts de pouvoir continuer à le faire, capables de pardonner et capables aussi de demander pardon. Tel est Jésus qui nous accompagne. Le Seigneur est ainsi !

Faim d'espérance

Nous observons aujourd'hui une terrible faim d'espérance. Que de blessures, que de vides non comblés, que de souffrances inconsolées ! Alors, faisons-nous les interprètes de la consolation de l'Esprit, communiquons de l'espérance, afin que le Seigneur ouvre de nouvelles voies sur notre route.

Je sens que c'est sur ce chemin-là que quelque chose se partage. Comme je voudrais que nous nous unissions en tant que chrétiens afin d'être encore plus *témoins de la miséricorde* pour une humanité durement éprouvée ! Demandons à l'Esprit saint le don de l'unité. En effet, nous ne pourrons diffuser la fraternité que si nous vivons les uns avec les autres comme des frères. Nous ne pouvons demander à l'humanité de rester unie si nous suivons des routes différentes. Alors, prions les uns pour les autres, sentons-nous responsables les uns des autres.

Jette-toi dans les bras de Dieu

Dieu t'aime. On te l'a peut-être déjà dit, mais je veux te le rappeler, Dieu t'aime. N'en doute jamais, quoi qu'il t'arrive dans la vie. En toute circonstance, tu es aimé infiniment.

Ton expérience en tant qu'enfant n'a peut-être pas été la meilleure qui soit. Ton père terrestre était peut-être loin, absent. Ou, au contraire, dominateur et tyrannique. Ou bien encore, il n'a tout simplement pas été le père dont tu avais besoin. Je ne sais pas. Quoi qu'il en soit, tout ce que je peux te dire de façon certaine, c'est que tu peux te jeter en toute sécurité dans les bras de ton père divin, de ce Dieu qui t'a donné la vie et qui te la donne à chaque instant. Il te sera d'un soutien solide et tu sentiras en même temps qu'il respecte fondamentalement ta liberté.

Pour lui, tu es vraiment précieux, tu n'es pas insignifiant, tu comptes.

La force consiste à ne pas perdre courage

Tous les jours nous devons être forts, nous avons besoin de force pour développer notre vie, notre famille, notre foi. L'apôtre Paul a une phrase éclairante à ce sujet : « Je puis tout par celui qui me donne la force » (*Philippiens*, IV, 13). Quand nous affrontons la vie ordinaire, quand les difficultés se présentent, ayons cette phrase en tête : « Je puis tout par celui qui me donne la force. » Le Seigneur donne la force, toujours, il ne nous la refuse pas. Le Seigneur ne nous impose rien que nous ne puissions supporter. Il est toujours avec nous. « Je puis tout par celui qui me donne la force. »

Il arrive que nous soyons tentés de céder à la paresse, ou pire, au renoncement, surtout devant les ennuis et les épreuves. Quand c'est le cas, ne nous décourageons pas, appelons-en à l'Esprit saint. Par le don de la force, il saura relever notre cœur, insuffler une solidité nouvelle et de l'enthousiasme à notre vie, à notre foi en Jésus.

Qui veut la lumière sort de lui-même

Qui veut la lumière sort de lui-même et cherche, il ne reste pas enfermé, à regarder ce qui passe autour de lui, il met en jeu sa propre vie, il sort de lui-même. La vie chrétienne est un chemin continu fait d'espérance, de recherche ; un chemin pareil à celui des Mages, qui se poursuit même quand l'étoile disparaît momentanément de la vue. Ce chemin présente aussi des écueils à éviter, les bavardages superficiels et mondains qui ralentissent le pas, les caprices de l'égoïsme qui paralysent, les nids-de-poule du pessimisme qui piègent l'espérance.

Retirer les pierres

Aujourd'hui encore, Jésus nous le répète : « Retirez la pierre. » Dieu ne nous a pas créés pour la tombe, il nous a créés pour la vie, pour une vie belle, bonne, joyeuse. Mais « la mort est entrée dans le monde par la jalousie du diable », dit le *Livre de la Sagesse* (II, 24), et Jésus Christ est venu pour nous libérer de ses liens.

Donc, nous sommes appelés à retirer les pierres de tout ce qui a le goût de la mort. Une foi vécue dans l'hypocrisie, par exemple, c'est la mort ; les critiques destructives adressées aux autres, c'est la mort ; l'insulte, la calomnie, c'est la mort ; l'exclusion du pauvre, c'est la mort. Le Seigneur nous demande de nous retirer ces pierres du cœur, afin que la vie fleurisse encore autour de nous. Le Christ vit. Qui l'accueille et le suit entre en contact avec la vie. Sans le Christ, ou hors du Christ, non seulement la vie n'est pas présente, mais on retombe dans la mort.

Le temps du courage

C'est aujourd'hui le temps du courage ! Le courage de redonner vigueur aux pas qui chancellent, de retrouver le goût de se donner à l'Évangile, de se fier de nouveau à la force que la mission porte en elle. C'est le temps du courage, même si avoir du courage ne signifie pas que le succès soit garanti. Il nous est demandé d'avoir du courage pour lutter, pas nécessairement pour vaincre ; pour annoncer, pas nécessairement pour convertir. Il nous est demandé d'avoir du courage pour être une alternative au monde, mais nous ne devons jamais tomber dans la polémique ou l'agressivité. Il nous est demandé d'avoir du courage pour nous ouvrir à tous, mais nous ne devons jamais minimiser le caractère unique et absolu du Christ, seul sauveur de tous. Il nous est demandé d'avoir du courage pour résister à l'incrédulité, mais nous ne devons jamais nous montrer arrogants. Ce qui nous est demandé, c'est aussi d'avoir le courage du publicain de l'Évangile, si humble qu'il n'osait même pas lever les yeux vers le ciel, mais se frappait la poitrine en disant : « Oh ! Dieu, aie pitié de moi qui suis pécheur ! » C'est aujourd'hui le temps du courage ! Aujourd'hui, nous avons besoin de courage !

Il est bon d'avoir honte

Même la honte est une bonne chose. Il est salutaire d'avoir un peu de honte. Avoir honte est salutaire. D'une personne qui n'a pas de honte, on dit dans mon pays que c'est un « sans vergogne » : *sin vergüenza*. En fait, si la honte fait du bien, c'est qu'elle rend plus humble. Le prêtre reçoit la confession avec amour, avec tendresse, et pardonne au nom de Dieu. Même d'un point de vue humain, il est bon de se libérer en disant au prêtre ses péchés, tant ils alourdissent le cœur. On sent qu'on se libère devant Dieu, avec l'Église, avec son frère. Ne craignez pas la confession ! Celui qui fait la queue pour se confesser ressent toutes ces choses, y compris la honte, mais après, quand c'est fini, il repart libre, grandi, beau, pardonné, blanchi, heureux. Telle est la beauté de la confession ! Laissez-moi vous demander : « À quand remonte ta dernière confession ? Réfléchissez, tous… À deux jours ? Deux semaines ? Deux ans ? Vingt ? Quarante ? Si tu as laissé passer tout ce temps, alors ne perds pas un jour de plus, allez, le prêtre sera bon ! Et Jésus est là. C'est le meilleur des prêtres. Jésus te reçoit, il te reçoit avec amour. Sois courageux ! Va te confesser ! »

Qui prend son risque ne perd pas

Celui qui prend son risque, le Seigneur ne le déçoit pas ; et quand il fait un petit pas vers Jésus, il s'aperçoit qu'il était attendu à bras ouverts. C'est le moment de dire à Jésus Christ :

« Seigneur ! Je me suis laissé tromper, de mille façons j'ai fui ton amour, mais je suis là de nouveau pour renouveler mon alliance avec toi. J'ai besoin de toi. Rachète-moi, Seigneur, prends-moi une fois encore dans tes bras rédempteurs. » Cela fait tellement de bien de revenir à lui, après qu'on s'est perdu !

La prière, semence de vie

Me revient l'histoire d'un homme. Un chef d'État, quelqu'un d'important, pas un contemporain mais un dirigeant d'autrefois. Un athée. Dépourvu de tout sens religieux. Pourtant, enfant, il entendait sa grand-mère prier, et ça lui est resté au cœur. Alors qu'il traversait un moment difficile, ce souvenir l'a revisité. Il lui a dit : « Mais ta grand-mère priait… » Mon homme s'est mis à prier en reprenant les formules de sa grand-mère, et c'est ainsi qu'il a rencontré Jésus. La prière est une chaîne de vie, toujours. Combien d'hommes et de femmes en prière ! Ils sèment la vie. La prière, la petite prière, sème la vie, c'est pourquoi il est si important d'apprendre aux enfants à prier. Je souffre quand je vois des enfants qui ne savent pas faire le signe de la croix. Il faut leur apprendre à bien faire le signe de croix, car c'est la première prière. Il est important que les enfants apprennent à prier. Après, qui sait, on l'oubliera peut-être. On prendra un autre chemin. Mais les premières prières apprises dans l'enfance restent dans le cœur ; en effet, elles sont semence de vie, semence du dialogue avec Dieu.

Être capable de voir avec le cœur

Jésus avait des amis. Il aimait chacun d'eux, tout en entretenant avec certains une relation spéciale, comme c'est toujours le cas avec des amis que l'on aime davantage, en qui l'on a davantage confiance… Et souvent, bien souvent, il se rendait chez eux, chez Lazare, Marthe, Marie…

Jésus a souffert de la maladie et de la mort de son ami Lazare. Arrivant au sépulcre, il s'est profondément ému. Bouleversé, il a demandé : « Où l'avez-vous mis ? » (*Jean*, XI, 34). Et il a fondu en larmes. Jésus, Dieu mais homme, a pleuré. Ailleurs aussi dans l'Évangile, il est dit que Jésus a pleuré, il a pleuré sur Jérusalem (*Luc*, XIX, 41-42). Avec quelle tendresse pleure Jésus ! Il pleure du fond du cœur, il pleure avec amour, il pleure avec ses proches en pleurs. Peut-être a-t-il pleuré d'autres fois encore – nous ne le savons pas. Sûrement au jardin des Oliviers. Mais Jésus pleure par amour, toujours.

Il s'émeut profondément, il est bouleversé, il pleure. Que de fois avons-nous éprouvé dans l'Évangile cette émotion de Jésus ! Entendu cette phrase répétée : « Voyant les foules, il fut ému de compassion pour eux » (*Matthieu*, IX, 36). Jésus ne peut voir les gens sans éprouver de la compassion. Ses yeux regardent avec le cœur ; Jésus voit avec les yeux, mais il regarde avec le cœur, et il est capable de pleurer.

Aujourd'hui, devant un monde qui souffre tellement, devant toutes ces personnes frappées par les conséquences de cette pandémie, je dois me poser la question : « Suis-je capable de pleurer, comme Jésus sans aucun doute aurait pleuré et pleure encore ? Mon cœur ressemble-t-il à celui de Jésus ? » Et si mon cœur est trop dur, si je suis capable de parler, de faire du bien, d'aider, mais incapable de pleurer, alors je dois demander cette grâce au Seigneur. « Que je pleure avec toi, Seigneur ! Que je pleure avec ton peuple qui souffre à présent. » Tant de gens pleurent aujourd'hui. Et nous, depuis cet autel, avec le sacrifice de Jésus, à Jésus qui n'a pas eu honte de pleurer, demandons la grâce des larmes.

Ce n'est pas le moment de dormir

Dix jeunes filles attendent l'arrivée de l'époux, mais les époux sont en retard et elles s'endorment. Soudain, on leur annonce que l'époux arrive. Toutes se préparent à l'accueillir. Mais seules cinq d'entre elles sont sages : elles avaient apporté de l'huile pour leurs lampes. Les autres, les imprévoyantes, n'en ont pas apporté et leurs lampes se sont éteintes. Tandis que les imprévoyantes courent acheter de l'huile, les époux sont là. Et les vierges insouciantes trouveront fermée la porte de la fête nuptiale. Elles frappent avec insistance, mais il est trop tard. Les époux leur répondent : « Je ne te connais pas ! » L'époux, c'est le Seigneur. Le temps d'attente avant son arrivée, c'est le temps qu'à chacun de nous il accorde avec miséricorde, avec patience, avant sa venue finale. C'est un temps de vigilance durant lequel nous devons entretenir la flamme de la foi, de l'espérance et de la charité, un temps durant lequel nous devons garder notre cœur ouvert au bien, à la beauté, à la vérité. Un temps qu'il nous faut vivre selon Dieu, car nous ne connaissons ni le jour ni l'heure qui verront le retour du Christ. Ce qui nous est demandé, c'est d'être préparés à cette rencontre, une belle rencontre, la rencontre avec Jésus. Autrement dit, nous devons être prêts à apercevoir les signes de sa présence, en gardant notre foi vivante par la prière, par les sacrements, en ayant à cœur de veiller, de ne pas nous endormir, de ne pas oublier Dieu. La vie des chrétiens endormis est une vie triste, ce n'est pas une vie heureuse. Le chrétien se doit d'être heureux. Ne nous endormons pas !

Maîtres des sentiments

Quelles sont mes pensées avant d'aller au lit ? Il n'est parfois plus temps de penser : *Boum !* tu tombes de sommeil. Tu es si fatigué ! Ça vous arrivera aussi. D'ordinaire, j'essaie d'aller au lit avant, je me donne un peu de temps pour revoir ce qui s'est passé dans mon cœur durant la journée. Quels sentiments j'ai éprouvés. Et je me demande alors : « Pourquoi ai-je eu tel sentiment en telle situation ? Pourquoi tel autre en telle situation ? Pourquoi me suis-je énervé avec cette personne ? Pourquoi cette autre m'a-t-elle donné tant de tendresse ? » J'essaie de comprendre ce qui se passe dans mon cœur. Ça m'aide énormément. Car il m'arrive de constater que mes sentiments ne sont pas de très bons sentiments. Je leur trouve des racines d'égoïsme, de jalousie peut-être... Oui, moi aussi ! Nous avons tellement de mauvaises pensées ! Mais je peux leur trouver aussi de bonnes et pures racines. Je ne veux pas d'un cœur qui serait comme une route où les sentiments iraient et viendraient sans que j'essaie de les comprendre... Non, il faut prendre le temps. C'est ce que je fais, je me donne un peu de temps. Pas beaucoup, même pas dix minutes. Je tente d'analyser ce qui est passé par mon cœur, et ce que signifient les sentiments que ça a déclenché. Ainsi, je prends les choses belles, et j'en remercie la vie et Dieu ; les choses mauvaises, les mauvais sentiments, je m'efforce de bien les étudier pour qu'ils ne reviennent pas. Autrement dit, j'essaie de voir ce qui s'est passé en moi au cours de la journée. C'est très important. Nous nous concentrons souvent sur des pensées en nous disant : « J'ai pensé que... » Mais qu'as-tu ressenti ? Cela fait énormément de bien. Être maître de ses sentiments. Non pour les gérer, mais pour savoir ce qu'ils signifient, quel message ils me laissent.

L'Église a besoin de...

Je vais vous dire ce dont l'Église a besoin. Elle a besoin de vous, de votre collaboration, et encore plus de votre communion avec moi et entre vous. L'Église a besoin de votre courage pour annoncer l'Évangile en toute occasion, que ce soit ou non opportun, pour donner témoignage à la vérité. L'Église a besoin de votre prière pour que le troupeau du Christ fasse bonne route. Ne l'oublions pas, la prière, avec l'annonce de la Parole, est la première tâche de l'évêque. L'Église a besoin de votre compassion, surtout dans les moments de douleur, de souffrance, que tant de pays connaissent à présent dans le monde. Exprimons ensemble notre proximité spirituelle avec les communautés ecclésiales, avec tous les chrétiens qui subissent des discriminations et des persécutions. Nous devons lutter contre toutes les discriminations ! L'Église a besoin de notre prière pour eux, pour qu'ils soient forts dans la foi, pour qu'ils sachent répondre au mal par le bien. Et cette prière s'étend à tout homme, à toute femme qui subit l'injustice à cause de ses convictions religieuses.

L'Église a aussi besoin de nous pour que nous soyons des hommes de paix, pour que nos actions soient des actions de paix, ainsi que nos désirs, et nos prières. Nous devons être des artisans de paix ! Pour cela, nous en appelons à la paix et à la réconciliation pour les peuples qui endurent en ce moment l'épreuve de la violence, de l'exclusion, de la guerre.

Éloge de l'inquiétude

L'amour de Dieu et notre rapport avec le Christ vivant ne nous empêchent pas de rêver, ne nous demandent pas de restreindre nos horizons. C'est même le contraire : cet amour nous aiguillonne, nous stimule, nous projette vers une vie meilleure et plus belle. Le mot « inquiétude » résume nombre d'aspirations présentes dans le cœur des jeunes. Comme le disait saint Paul VI, « dans l'insatisfaction qui vous tourmente, réside justement un élément de lumière ». Leur inquiétude, leur insatisfaction, de même que leur surprise devant les nouveautés apparues à l'horizon, tout cela ouvre la route à l'audace qui les pousse à prendre leur vie en mains et à devenir responsables d'une mission. Cette saine inquiétude, qui s'éveille principalement dans la jeunesse, demeure la caractéristique de tout cœur qui entend rester jeune, disponible, ouvert. La vraie paix intérieure accompagne cette insatisfaction profonde. Saint Augustin disait : « Tu nous as faits pour toi et notre cœur est inquiet jusqu'à ce qu'il repose en toi. »

V

La joie a le dernier mot

Réjouissez-vous !

« Réjouissez-vous et soyez dans l'allégresse », dit Jésus à ceux qui sont persécutés ou humiliés à cause de lui (*Matthieu*, V, 12). Le Seigneur demande tout, et ce qu'il donne est la vraie vie, le bonheur pour lequel nous avons été créés. Il nous veut saints, et n'attend pas de nous que nous nous contentions d'une existence médiocre, édulcorée, inconsistante.

Contemple Jésus débordant de joie !

Contemple Jésus heureux, débordant de joie. Réjouis-toi avec ton ami dans son triomphe. Ils ont tué le saint, le juste, l'innocent, mais Lui a triomphé. Le mal n'a pas le dernier mot. Dans ta vie non plus, le mal n'aura pas le dernier mot, car ton ami qui t'aime veut triompher en toi. Ton Sauveur est vivant.

S'il vit, c'est une garantie : le bien peut creuser son chemin dans notre vie, nos peines auront servi à quelque chose. Alors, nous pouvons cesser de nous lamenter, nous pouvons regarder devant nous, car avec Lui on peut toujours regarder devant. C'est notre sécurité, celle que nous avons. Jésus est la vie éternelle. Accrochés à Lui, nous vivrons et sortirons indemnes de toutes les formes de mort et de violence qui se cachent le long du chemin.

Toute autre solution sera fragile et provisoire. Elle se révélera peut-être utile pendant quelque temps, puis nous nous retrouverons de nouveau sans défense, abandonnés, exposés aux intempéries. Alors qu'avec Lui, le cœur est enraciné dans une sécurité fondamentale qui demeure au-delà de tout.

Mais vous, Saint-Père, vous êtes heureux ?

Un enfant demande : « Chacun, dans ce monde, cherche à être heureux. Alors nous, on s'est demandé si vous, vous étiez heureux. Et pourquoi. »

La réponse du pape François : « Absolument, absolument, je suis heureux. Et je suis heureux, parce que… Je ne sais pas pourquoi… Peut-être parce que j'ai un travail, je ne suis pas au chômage, j'ai un travail, un travail de pasteur ! Je suis heureux parce que j'ai trouvé mon chemin dans la vie, et que marcher sur ce chemin me rend heureux. Et c'est même un bonheur tranquille. En effet, à mon âge, je n'ai pas le bonheur d'un jeune, il y a une différence. C'est une paix intérieure, une grande paix, un bonheur qui vient aussi avec l'âge. Cette paix est venue, même si j'ai suivi un chemin plein de problèmes ; maintenant aussi je rencontre des problèmes, mais les problèmes ne chassent pas ce bonheur, non ; ce bonheur voit les problèmes, il les subit, et puis il continue d'avancer, il fait en sorte de les résoudre et il va de l'avant. Au fond du cœur, il y a cette paix, ce bonheur. C'est une grâce de Dieu, pour moi, vraiment. C'est une grâce. Je n'y suis pour rien. »

Ce qui emplit le cœur

La joie de l'Évangile emplit le cœur et la vie entière de ceux qui rencontrent Jésus. Ceux qui se laissent sauver par Lui sont libérés du péché, de la tristesse, du vide intérieur, de la solitude.

Pauvre et heureux, c'est possible

La première Béatitude déclare heureux les *pauvres en esprit*, car le royaume des cieux leur appartient. En des temps où tant de personnes souffrent de la crise économique, associer pauvreté et bonheur peut paraître déplacé. En quel sens pouvons-nous concevoir la pauvreté comme une bénédiction ?

Pour commencer, essayons de comprendre ce que signifie cette expression : *pauvres en esprit*. Quand le Fils de Dieu s'est fait homme, il a choisi une vie de pauvreté, de dépouillement. Comme le dit saint Paul dans sa lettre aux Philippiens : « Ayez en vous les sentiments qui étaient en Jésus Christ ; bien que de condition divine, il n'a pas choisi le privilège d'être l'égal de Dieu, au contraire il s'est dépouillé lui-même, il a pris une condition de serviteur, il est devenu semblable aux hommes » (II, 5-7). Jésus, c'est Dieu se dépouillant de sa gloire. Nous voyons ici que Dieu a fait le choix de la pauvreté, qu'il s'est fait pauvre pour s'enrichir au moyen de la pauvreté (II, *Corinthiens*, 9-9). C'est le mystère que nous contemplons quand nous regardons la crèche, quand nous voyons le Fils de Dieu dans une mangeoire ; puis sur la croix, là où le dépouillement atteint son point culminant.

L'adjectif grec *ptochòs* – « pauvre » – n'a pas une signification seulement matérielle. Le mot veut dire « mendiant ». Il se rattache à un concept hébraïque : *anawim* – les « pauvres de Iahvé » – qui évoque l'humilité, la conscience de ses limites, de sa condition existentielle, de sa pauvreté. Les *anawim* se fient au Seigneur, ils savent qu'ils dépendent de lui.

Les routes impensables de Dieu

Bienheureux : que veut dire ce mot ? Pourquoi chacune des huit béatitudes commence-t-elle par ce terme, *bienheureux* ? À l'origine, il ne désigne pas celui qui a le ventre plein, ou qui s'en sort bien, mais celui qui est en condition de grâce, qui avance dans la grâce de Dieu, qui marche sur la route de Dieu : patience, pauvreté, service d'autrui, consolation… Ceux qui progressent dans ces domaines sont heureux et seront bienheureux.

Dieu, pour se donner à nous, choisit souvent des routes impensables qui peuvent se révéler celles de nos limites, de nos larmes, de nos échecs. C'est la joie pascale dont parlent nos frères d'Orient, celle qui porte des stigmates mais demeure vivante, celle qui a traversé la mort et fait l'expérience de la puissance de Dieu. Les béatitudes te portent à la joie, toujours ; elles sont la route qui mène à la joie.

Savons-nous apprécier l'essentiel ?

Le bonheur des pauvres – des pauvres en esprit – a une double dimension : vis-à-vis des *biens*, vis-à-vis de *Dieu*.

En ce qui concerne les biens, les biens matériels, « pauvreté d'esprit » veut dire « sobriété » ; il ne s'agit pas nécessairement de renoncer à tout, mais de savoir apprécier l'essentiel, de savoir partager aussi. C'est l'aptitude à renouveler tous les jours l'émerveillement devant la saveur des choses, sans s'alourdir par une consommation épaisse, avide. Plus j'en ai, plus j'en veux ! Plus j'en ai, plus j'en veux, c'est cela, la consommation avide. C'est ce qui tue l'âme. L'homme ou la femme qui se conduisent ainsi, qui ont ce comportement du « plus j'en ai, plus j'en veux », ne sont pas heureux, et n'atteindront pas le bonheur.

Concernant Dieu, il s'agit de le louer, de reconnaître que le monde est une bénédiction, qu'à l'origine du monde il y a l'amour créateur du père. Mais il s'agit aussi de s'ouvrir à Lui, de se soumettre à Sa Souveraineté. Le Seigneur, c'est Lui. C'est Lui qui est grand. Ce n'est pas moi qui suis grand, sous prétexte que je possède beaucoup ! C'est Lui, Lui qui a voulu un monde pour tous les hommes, Lui qui l'a voulu pour que les hommes soient heureux.

Mauvais esprits (et le bon esprit d'un aveugle)

Au chapitre cinq de l'Évangile de Jean (*Jean*, V, 1-16), Jésus, étant monté à Jérusalem, se rend à une piscine où vont les malades dans l'espoir de recouvrer la santé. On disait en effet qu'un ange descendu du ciel en faisait parfois bouillonner les eaux, à la manière d'un fleuve. Alors le premier qui s'y jetait était guéri. Beaucoup de malades venus chercher leur guérison gisaient là, attendant que les eaux s'agitent – « nombre d'infirmes, d'aveugles, de boiteux, de paralytiques ».

Parmi eux se trouvait un homme qui était malade depuis trente-huit ans. Trente-huit ans qu'il attendait de guérir ! Est-ce que ça ne fait pas réfléchir ? C'est beaucoup… En effet, quelqu'un qui veut guérir se débrouille pour se faire aider, il agit, il se bouge, il triche même un peu… Mais lui, trente-huit ans qu'il est là. Au point de ne même plus savoir s'il est malade ou mort. « Jésus, le voyant étendu et le sachant depuis longtemps infirme, lui dit : "Veux-tu être guéri ?" » La réponse est intéressante. L'homme ne dit pas « oui ». Il se plaint. De sa maladie ? Non… Il dit : « Seigneur, je n'ai personne pour me jeter dans la piscine quand l'eau a bouillonné, et pendant que j'y vais, un autre y descend avant moi… » Cet infirme est quelqu'un qui est toujours en retard. Jésus lui dit alors : « Lève-toi, prends ta civière et marche. » Et aussitôt, l'homme fut guéri.

La tristesse est la semence du diable

L'attitude de cet homme nous pousse à réfléchir. Était-il malade ? Certes, il avait l'air de souffrir d'une paralysie, mais ça ne l'empêchait pas de se déplacer un peu. En fait, c'est son cœur qui était malade. Son âme était malade. Il souffrait de pessimisme. Sa maladie, c'était la tristesse, c'était la paresse. Tel est le mal dont souffre cet homme : « Oui, j'ai envie de vivre, mais… » Sa réponse n'est pas : « Oui, j'ai envie de guérir ! », mais « Ce sont toujours les autres qui arrivent avant moi, toujours les autres ». Jésus s'offre de le guérir et il répond en se plaignant des autres. Voilà trente-huit ans qu'il se plaint des autres. Sans rien faire pour essayer de guérir.

La clef, c'est la rencontre avec Jésus, après la guérison. « L'ayant trouvé au temple, Jésus lui dit : "Te voilà guéri ! Ne pèche plus, il t'arriverait pire" » (14). Cet homme était en état de péché. Non parce qu'il avait fait quelque chose de grave. Son péché était de survivre et de se plaindre de la vie des autres ; son péché était d'être triste, alors que la tristesse est la semence du diable, l'incapacité de prendre une décision concernant sa propre vie – au lieu de quoi on regarde celle des autres et on se lamente. On ne les critique pas, non, on se plaint. « Ils arrivent en premier, je suis victime de cette vie-là. » Les jérémiades ! Ces gens respirent les jérémiades.

Des vies grises

Faisons la comparaison avec l'aveugle de naissance qui apparaît au chapitre neuf dans ce même Évangile de Jean. Avec quelle joie, quel enthousiasme cet infirme-là n'a-t-il pas accueilli sa guérison, avec quelle résolution n'est-il pas allé discuter avec les docteurs de la Loi pour défendre Jésus ! L'autre, le paralytique, s'est contenté de les informer que c'était bien Jésus qui l'avait guéri (14). Point. Voilà qui me fait songer à tant d'entre nous, à tous les chrétiens qui vivent dans cet état de paresse, ces gens qui se plaignent de tout sans être capables de jamais rien faire. La paresse est un poison, un brouillard qui emprisonne l'âme et l'empêche de vivre. C'est aussi une drogue. Car une fois que tu y as goûté, bien souvent, elle te plaît. Tu deviens dépendant de la tristesse, de la paresse. C'est désormais l'air que tu respires. Ces péchés-là sont assez courants chez nous, la tristesse, la paresse, un genre de mélancolie.

Il faut relire ce chapitre cinq de Jean pour se faire une idée de la maladie dans laquelle on risque de tomber. L'eau, c'est le salut. « Mais moi, je ne puis me sauver !

– Et pourquoi donc ?

– C'est à cause des autres ! »

Et le paralytique reste là trente-huit ans…

Puis Jésus le guérit. Toutefois, la réaction de l'infirme n'est pas celle des autres malades qui, une fois tirés d'affaire, prennent leur grabat et se mettent à danser, à chanter, à rendre grâce, à crier la nouvelle sur les toits ! Non, lui continue comme avant. Et quand les Juifs lui disent qu'il ne peut pas porter sa civière, car c'est jour de sabbat, il leur répond : « Celui qui m'a guéri m'a dit que je pouvais » (11). Il ne prend pas la défense de celui qui l'a sauvé. Au lieu d'aller voir Jésus pour le remercier, il le désigne aux docteurs de la Loi : « C'est lui. » Une vie grise. Une vie rendue grise par le mauvais esprit – la paresse, la tristesse, la mélancolie.

L'eau et la paresse

Songeons à l'eau, à cette eau-là, à ce symbole de notre force, de notre vie, à l'eau dont Jésus s'est servi pour nous régénérer – le baptême. Songeons également à nous, à ceux d'entre nous qui courent le risque de glisser dans cette paresse, dans ce péché du « neutre » ; il y a un péché du neutre, du ni blanc ni noir, de l'indifférencié. Et c'est un péché dont le diable peut se servir pour anéantir notre vie spirituelle, voire notre vie personnelle. Que le Seigneur nous aide à saisir à quel point ce péché est mauvais, à quel point il est malin.

Qui nous apprend à pleurer et à sourire ?

Les enfants sont capables de sourire et de pleurer. Certains sourient quand je veux les embrasser ; d'autres, me voyant vêtu de blanc, me prennent pour le docteur qui vient les vacciner, alors ils pleurent... mais c'est spontané ! Les enfants sont comme ça, ils sourient et ils pleurent. Alors que chez nous autres, les adultes, ces réactions bien souvent sont

« bloquées », nous n'en sommes plus capables… Combien de fois notre sourire ne devient-il pas un sourire en carton, une chose sans vie, une expression sans vitalité, artificielle, une caricature de sourire. Alors que les enfants, eux, sourient spontanément et pleurent spontanément. Tout dépend toujours du cœur et il n'est pas rare que notre cœur se bloque, perde cette capacité. Les enfants peuvent nous apprendre à la retrouver. Posons-nous la question : « Suis-je capable de sourire avec spontanéité, avec fraîcheur, avec amour, ou mon sourire est-il artificiel ? Ai-je encore la capacité de pleurer, ou l'ai-je perdue ? » Deux questions des plus humaines, et que les enfants nous apprennent à nous poser.

Quand je vois quelqu'un dormir dehors…

Quand je vois quelqu'un dormir dehors, dans la nuit froide, je peux me dire que c'est un tas de chiffons encombrant, ou un délinquant, un oisif, ou encore un obstacle sur ma route, ou une épine plantée dans ma conscience, un problème qui incombe aux politiques, voire une ordure qui souille l'espace public. Mais je peux aussi réagir à partir de la foi et de la charité, reconnaître en cette personne un être humain dont la dignité est égale à la mienne, une créature infiniment aimée du père, une image de Dieu, un frère racheté par le Christ. C'est cela, être chrétien ! Depuis quand y a-t-il sainteté sans reconnaissance vivante de la dignité propre à tout être humain ?

La joie ne réside pas dans les choses, mais dans la rencontre

Nous savons que les choses du monde peuvent assouvir certains désirs, déclencher des émotions, mais finalement c'est une joie qui reste superficielle, qui ne descend pas jusqu'à l'intime. Ce n'est pas une joie intime, c'est l'ivresse d'un instant qui ne rend pas véritablement heureux. La joie n'est pas l'ivresse d'un instant. C'est autre chose !

La joie véritable ne vient pas des choses, de l'avoir, non ! Elle naît de la rencontre, de la relation avec les autres. Elle naît quand on se sent accepté, compris, aimé ; elle naît quand on accepte, quand on comprend, quand on aime. Ce n'est pas parce qu'il y a là l'occasion d'un bref intérêt, mais parce qu'autrui, homme ou femme, est une personne. La joie naît de la gratuité de la rencontre ! C'est le fait de s'entendre dire : « Tu comptes pour moi. » Pas forcément avec des mots. Voilà qui est beau… Et c'est exactement ce que Dieu nous amène à comprendre. Dans son appel, Dieu vous dit : « Tu comptes pour moi, je t'aime, je compte sur toi. » C'est ce que Jésus nous dit à tous ! C'est ce qu'il nous dit ! Et c'est de là que vient la joie ! La joie de l'instant où Jésus m'a regardé. Comprendre, sentir, tel est le secret de notre joie. Se sentir aimé de Dieu, sentir que nous ne sommes pas pour lui des numéros, mais des personnes ; sentir que c'est Lui qui nous aime.

Devenir prêtre, religieux, religieuse, ce n'est pas en premier lieu notre choix. Je me méfie du séminariste ou de la novice qui me dit « J'ai choisi ce chemin ». Ça ne me plaît pas beaucoup ! Ça ne va pas ! Devenir prêtre, c'est répondre à un appel. À un appel d'amour. Je ressens quelque chose à l'intérieur, quelque chose qui m'inquiète, et je réponds par un « oui ». Dans la prière, le Seigneur nous fait éprouver cet amour, mais il le fait aussi par beaucoup de signes lisibles dans nos vies, par beaucoup de gens qu'il met sur notre route. Et la joie de rencontrer Dieu, d'entendre son appel, nous amène à ne pas nous fermer, mais à nous ouvrir ; elle nous amène au service de l'Église.

Pas de triste figure

Qu'aucun de nous ne fasse triste figure, ne soit une personne mécontente. L'engagement ne doit pas être triste, ou ce n'est pas un engagement. Comme tout homme, comme toute femme, nous connaissons des difficultés, des nuits de l'esprit, des déceptions, la maladie, le déclin des forces avec l'âge. Et c'est justement dans ces moments-là que nous devrons trouver la « joie parfaite », apprendre à reconnaître le visage du Christ qui en toute chose s'est fait notre semblable, et donc ressentir le bonheur de nous savoir pareil à Lui, Lui qui par amour pour nous ne s'est pas refusé à la croix.

Le chemin de vie des saints (et le tien)

S'il est une chose qui caractérise les saints, c'est qu'ils sont véritablement *heureux*. Ils ont découvert le secret du bonheur authentique, celui qui demeure au fond de l'âme et trouve sa source dans l'amour de Dieu. C'est pourquoi nous les disons bienheureux.

Avec un peu d'humour

Normalement, la joie chrétienne va avec le sens de l'humour, lequel est manifeste, entre autres, chez un saint Thomas More, un saint Vincent de Paul ou encore un saint Philippe Neri. La mauvaise humeur n'est pas signe de sainteté. « Chasse la mélancolie de ton cœur » (*Ecclésiaste*, XI, 10). Nous recevons tellement du Seigneur, « afin d'en jouir » (I, *Thimothée*, VI, 17), que la tristesse est peut-être liée à l'ingratitude, quand nous restons si enfermés en nous-mêmes que nous perdons la faculté de reconnaître les dons de Dieu.

La foi est la force de qui sait qu'il n'est pas seul

Qui a jamais entendu parler d'un saint triste ? D'une sainte qui ferait une tête d'enterrement. Jamais de la vie ! Ce serait un contresens. Le chrétien est quelqu'un dont le cœur est comblé de paix parce qu'il sait mettre sa joie dans le Seigneur, même quand il traverse des moments difficiles. Avoir la foi ne veut pas dire être épargné par les difficultés, mais avoir la force de les affronter en sachant que l'on n'est pas seul. Telle est la paix que Dieu donne à ses enfants.

La piété, non le piétisme

Si le don de piété nous fait grandir dans la relation et dans la communion avec Dieu, s'il nous amène à vivre comme ses enfants, en même temps Dieu nous aide à reverser cet amour sur les autres, à les considérer comme nos frères. Alors oui, nous serons animés par des sentiments de piété – non de piétisme ! – envers nos proches et envers ceux que nous rencontrons tous les jours. Pourquoi « pas de piétisme » ? Parce que pour certains, avoir de la piété signifie se fermer les yeux, faire une tête d'image pieuse, mimer la sainteté. En piémontais, ça s'appelle *fare la mugna quacia* – « avoir l'air d'un faux-jeton ». Ce n'est pas ça, le don de piété. Avoir le don de piété veut dire être vraiment capable de se réjouir avec qui est heureux, savoir pleurer avec qui est dans la peine, se tenir auprès de qui est seul ou en détresse, corriger qui se trompe, consoler qui est affligé, accueillir et secourir qui est dans le besoin. Il existe un lien étroit entre le don de piété et la douceur. Le don de piété que nous donne l'Esprit saint nous rend doux, paisibles, patients, en paix avec Dieu, au service des autres avec tendresse.

Une joie si grande que nul ne peut te l'ôter

Ce furent les premiers mots adressés à la Vierge par l'archange Gabriel : « Réjouis-toi, toi qui es pleine de grâce, le Seigneur est avec toi » (*Luc*, I, 28). Qui a rencontré Jésus voit sa vie s'emplir d'une telle joie intérieure que rien ni personne ne peut la lui ôter. Christ donne aux siens la force nécessaire pour ne pas être triste, et ne pas perdre courage en s'imaginant que les problèmes n'ont pas de solution. Soutenu par cette vérité, le chrétien ne doute pas que ce qui s'accomplit par amour génère une joie sereine, sœur de cette espérance qui brise la barrière de la peur et ouvre les portes d'un avenir prometteur.

Soyez rusés

Autre aspect de la lumière à même de nous guider sur le chemin de la foi, la « sainte ruse ». C'est aussi une vertu ! À savoir l'habileté spirituelle qui permet de repérer les dangers et de les éviter. Les Mages ont su se servir de cette lumière qu'est la « ruse » : au retour, ils ont décidé de prendre une autre route, de ne pas repasser par le sinistre palais d'Hérode. Ces sages venus d'Orient nous montrent comment ne pas tomber dans de funestes pièges, comment se défendre contre les ténèbres qui cherchent à s'emparer de nos vies. Usant de cette sainte ruse, ils ont pu protéger la foi.

Et nous aussi, nous devons protéger la foi. Contre les ténèbres. Mais également, bien souvent, contre des ténèbres aux habits de lumière ! Car le démon, dit saint Paul, peut se travestir en ange de lumière. Alors, la ruse est nécessaire. Pour protéger la foi contre le chant des sirènes qui te disent : « Regarde, aujourd'hui nous devons faire ceci et cela… »

La foi est une grâce et un don. À nous de la protéger par la prière, par l'amour, par la charité. Il faut accueillir dans nos cœurs la lumière de Dieu et, en même temps, cultiver cette habileté spirituelle qui sait se montrer simple et astucieuse. Ainsi, Jésus dit-il aux disciples : « Soyez prudents comme les serpents, simples comme les colombes » (*Matthieu*, X, 16).

Sœur Lamentation

L'apôtre Paul dit aux Thessaloniciens : « Frères, soyez toujours heureux. » Mais comment être toujours heureux ? Il répond : « Priez, sans cesse, pour toute chose rendez grâce. » La joie chrétienne, nous la trouvons dans la prière, elle vient de la prière et de la grâce rendue à Dieu : « Merci, Seigneur, pour toutes ces beautés ! » Il y a pourtant des gens qui ne savent pas remercier Dieu, et qui cherchent toujours une raison de se plaindre.

J'ai connu une sœur. Elle était bonne, elle travaillait, mais elle passait sa vie à se plaindre, elle se plaignait de tout... Au couvent, on l'appelait « sœur Lamentation ». Ça se comprend. Un chrétien ne peut pas vivre ainsi, en ne pensant qu'à se lamenter : « Untel a quelque chose que je n'ai pas, tel autre... Tu as vu ce qui est arrivé ? » Ça, ce n'est pas chrétien ! Et c'est dur de rencontrer des chrétiens aigris dont le visage inquiet, amer, n'est pas en paix. Jamais, jamais un saint ou une sainte n'a fait une tête d'enterrement ! Jamais ! Les saints ont toujours le visage de la joie. Ou du moins, dans les souffrances, le visage de la paix. Songez à la plus grande des souffrances, le martyre de Jésus. Lui avait ce visage de paix, et sa préoccupation allait aux autres, à sa mère, à Jean, au larron… Il se préoccupait des autres.

Aux profondeurs de la vie

La personne qui voit les choses comme elles sont vraiment se laisse transpercer par la souffrance et pleure du fond du cœur ; cette personne sait atteindre la vie dans ses profondeurs, et être vraiment heureuse. Elle est consolée, non par la consolation du monde, mais par celle de Jésus. C'est ainsi qu'elle pourra trouver le courage de partager la peine d'autrui, de ne pas fuir les situations difficiles. Elle apprendra par ce moyen le sens de la vie : aider les autres dans leurs épreuves, comprendre leur détresse, leur offrir quelque soulagement. Cette personne-là sent que l'autre est la chair de sa propre chair, elle ne craint pas de l'approcher jusqu'à toucher sa blessure, elle compatit jusqu'à ce que les distances s'annulent. Il est donc possible d'accueillir l'exhortation de saint Paul : « Pleurez avec ceux qui pleurent » (*Romains*, XII, 15). Savoir pleurer avec les autres, telle est la sainteté.

VI

Pose les bonnes questions, et la réponse viendra

Un maître sage

Un maître sage a dit un jour que la clef, pour grandir en sagesse, consiste moins à trouver les réponses justes qu'à soulever les bonnes questions. Que chacun se demande : « Suis-je capable de répondre aux choses ? De bien répondre ? Ai-je la bonne réponse ? » Si quelqu'un me dit oui, tant mieux pour lui. Mais demandez-vous maintenant : « Suis-je capable de poser les bonnes questions ? Ai-je un cœur inquiet qui me pousse à m'interroger sans cesse sur la vie, sur moi-même, sur les autres, sur Dieu ? » Avec les bonnes réponses, on réussit aux examens ; mais si l'on ne pose pas les bonnes questions, on échoue dans la vie !

Pour qui suis-je ?

Quelle est, pour moi, la plus terrible pauvreté ? Quel serait, pour moi, le plus grand degré de pauvreté ? Soyons honnêtes et reconnaissons que la plus grande pauvreté que nous puissions avoir à subir, c'est le sentiment de ne pas être aimé. Combattre cette pauvreté spirituelle est une tâche à laquelle nous sommes tous appelés et vous, les jeunes, vous avez un rôle spécial à y jouer car elle exige un important changement dans l'ordre de nos priorités, de nos choix. Elle implique d'admettre que le plus important n'est ni ce que nous possédons ni ce que nous pouvons acheter, mais avec qui partager ce que nous avons. Il est moins important de se concentrer sur la question « Pourquoi je vis ? » que sur cette autre, « Pour qui je vis ? ». Apprenez à vous poser cette question. Pas *pourquoi,* mais *pour qui.* Avec qui puis-je partager ma vie ? Les choses sont importantes, mais les personnes sont indispensables ; sans elles, nous nous déshumanisons, le visage se perd, le nom se perd, nous devenons un objet de plus, peut-être le meilleur, mais un objet cependant ; or justement nous ne sommes pas des objets, nous sommes des personnes. « Un ami fidèle est un puissant soutien, qui l'a trouvé a trouvé un trésor », dit le livre de *Siracide* (VI, 14). Voilà pourquoi il est toujours important de se demander : « Pour qui suis-je ? » Tu es pour Dieu, sans aucun doute. Mais Dieu a voulu que tu sois aussi pour les autres, et il a déposé en toi beaucoup de qualités, d'inclinations, de dons et de charisme, pas pour toi mais pour les autres, pour que tu les partages avec les autres. Il ne s'agit pas seulement de vivre sa vie, il s'agit aussi de la partager. De partager sa vie.

Comment entrer dans le temps qui vient ?

Je voudrais que ce mot : « espérance » – une vertu fondamentale pour les chrétiens – anime le regard avec lequel nous pénétrons le temps qui vient.

Assurément, l'espoir exige du réalisme. Il exige d'avoir conscience des innombrables questions qui affectent notre époque et des défis qui pointent à l'horizon. Il exige que les problèmes soient appelés par leur nom, et que l'on ait le courage de les affronter. Il exige de ne pas oublier que la communauté humaine porte les signes et les blessures des guerres advenues dans le temps avec une capacité de destruction croissante, sans jamais cesser de frapper en particulier les plus pauvres, les plus faibles. Malheureusement, l'année nouvelle ne semble pas constellée de signes encourageants, elle annonce plutôt un durcissement des tensions et de la violence.

C'est bien à la lumière de ces circonstances que nous ne pouvons renoncer à l'espérance. Or espérer exige du courage. Espérer exige d'avoir conscience que le mal, la souffrance et la mort ne sauraient prévaloir, que même les problèmes les plus complexes peuvent et doivent être affrontés et résolus. L'espérance est la vertu qui nous met en route ; elle nous donne des ailes pour aller de l'avant, y compris face à des obstacles en apparence insurmontables.

Tous inquiets, tous nous cherchons

La quête du bonheur, en tout temps, à tout âge, chacun l'a en partage. Dieu a déposé dans le cœur de chaque homme et de chaque femme un irrépressible désir de bonheur, de plénitude. Ne sentez-vous pas que vos cœurs sont inquiets et continuellement en quête d'un bien capable de rassasier leur soif d'infini ?

Qui sont les justes ?

L'Apocalypse offre une très belle vision du ciel : le Seigneur Dieu, la beauté, la bonté, la vérité, la tendresse, le plein amour. C'est tout ce que nous espérons. Et ils sont là aussi, ceux qui nous ont précédés, ceux qui sont morts dans le Seigneur. Ils proclament qu'ils ont été sauvés non par leurs œuvres – quand bien même elles auraient été bonnes – mais par le Seigneur : « Le salut est à notre Dieu qui est sur le trône, et à l'Agneau » (*Apocalypse*, VII, 10). C'est Lui qui nous sauve, Lui qui au terme de notre vie nous prend par la main, comme le ferait un papa pour nous emmener dans ce ciel même où sont nos ancêtres. Un des anciens demande : « Ceux-là, vêtus de blanc, qui sont-ils, et d'où viennent-ils ? » (13). Qui sont-ils, ces justes, ces saints du ciel ? Réponse : « Ce sont ceux qui viennent de la grande affliction, qui ont lavé leurs vêtements et les ont blanchis dans le sang de l'Agneau » (14).

Nous ne pouvons entrer au ciel que grâce au sang de l'Agneau, grâce au sang du Christ. C'est ce même sang du

Christ qui nous a justifiés, qui nous a ouvert les portes du ciel. Et si chaque année, le premier novembre, nous nous souvenons des frères et des sœurs qui nous ont précédés dans la vie et sont maintenant au ciel, c'est parce qu'ils ont été lavés du sang de l'Agneau. Telle est notre espérance : l'espérance du sang du Christ ! Une espérance qui ne déçoit pas. Si nous allons sur le chemin de la vie avec le Seigneur, Il ne nous décevra jamais !

Comment vivre l'espérance, ici et maintenant ?

Il semblerait que le rythme vertigineux auquel nous sommes soumis nous priverait de l'espérance et de la joie. Les pressions et l'impuissance face à tant de situations et de défis auraient pour effet de nous dessécher l'âme, de nous rendre insensibles. Paradoxalement, bien que tout s'accélère pour construire, en théorie, une société meilleure, on n'a plus de temps, finalement, à consacrer à rien ni personne. Plus de temps pour la famille, la communauté, l'amitié, la solidarité, la mémoire.

Nous ferions bien de nous poser la question : « Comment est-il possible de vivre aujourd'hui, dans nos villes, la joie de l'Évangile ? Dans une telle situation, l'espérance chrétienne est-elle possible ici et maintenant ? »

Deux questions qui touchent à notre identité, à la vie de nos familles, de nos pays, de nos villes.

Me voici, envoie-moi !

La maladie, la souffrance, la peur et la solitude nous interpellent. Nous interrogeons la misère de qui meurt seul, de qui est abandonné à lui-même, de qui a perdu travail et salaire, de qui n'a pas de toit et rien à manger. Obligés de respecter les distances physiques, et de rester à la maison, nous sommes invités à redécouvrir que nous avons besoin des relations sociales, ainsi que de la relation communautaire avec Dieu. Au lieu de creuser les différences et les indifférences, la situation devrait nous rendre plus attentifs à notre façon de nouer des relations. Et la prière qui touche et remue notre cœur nous ouvre aux besoins d'amour, de dignité et de liberté de nos frères, tout comme à la nécessité de prendre soin du créé.

L'impossibilité de nous rassembler en tant qu'Église pour célébrer l'eucharistie nous a fait partager la condition de tant de communautés chrétiennes qui n'ont pas le droit de célébrer la messe le dimanche. Dans ce contexte, la question que Dieu pose est la suivante : « Qui enverrai-je ? » Elle nous est adressée de nouveau, et elle attend une réponse généreuse, résolue : « Me voici, envoie-moi ! » (*Isaïe*, VI, 8). Dieu continue de chercher qui envoyer de par le monde et dans les nations, qui témoignera de son amour, du fait qu'il nous sauve du péché et de la mort, qu'il nous libère du mal (*Matthieu*, IX, 35-38 ; *Luc*, X, 1-12).

Qu'est-ce qui m'attend ?

Aucun de nous ne sait ce qui l'attend dans la vie. Nous pouvons mal, très mal nous conduire, mais par pitié ne désespérez pas, le Père est toujours là qui nous attend ! Revenez, revenez ! Telle est la parole. Je rentre à la maison parce que le Père m'attend. Et si je suis un grand pécheur, il donnera une grande fête. Quant à vous, les prêtres, s'il vous plaît, ouvrez les bras aux pécheurs et montrez-vous miséricordieux. Car Dieu ne se fatigue jamais de pardonner ; il se fatigue seulement de nous attendre.

Le Dieu qui change la peur en espérance

Quand l'identité de Jésus est-elle solennellement proclamée dans l'Évangile ? Quand le centurion a ces mots : « Il était vraiment le Fils de Dieu. » S'ils sont prononcés là, alors que Jésus vient de donner sa vie sur la croix, c'est qu'il n'y a plus d'erreur possible : on voit que Dieu est tout-puissant *en amour* et en aucune autre manière. C'est sa nature. Il est fait ainsi. Il *est* l'amour.

Tu pourrais objecter : « Qu'ai-je à faire d'un dieu aussi faible, d'un dieu qui meurt ? J'aimerais mieux un dieu fort, un dieu puissant ! » Tu sais, le pouvoir de ce monde passera tandis que l'amour, lui, demeure. Seul l'amour veille sur nos vies, parce qu'il embrasse nos fragilités et les transforme. C'est l'amour de Dieu qui, à Pâques, nous a guéris du péché par son pardon, qui a fait de la mort un passage de vie, changé notre peur en confiance, notre détresse en espérance. Pâques nous dit que Dieu est capable de tout changer en bien. Qu'avec Lui nous pouvons véritablement avoir confiance, que tout ira bien. Et ce n'est pas une illusion ! La mort et la Résurrection de Jésus ne sont pas une illusion. C'est vrai, c'est arrivé. Raison pour laquelle il nous est dit au matin de Pâques : « N'ayez pas peur ! » (*Matthieu*, XXVII, 5). Et les angoissantes questions sur le mal, au lieu de se dissiper d'un coup, trouvent dans la résurrection le fondement solide grâce auquel nous ne nous effondrerons pas.

Et moi, à quelle table ai-je envie de manger ?

Nous voyons en regardant autour de nous que nombre de nourritures semblent nous régaler davantage, alors qu'elles ne viennent pas du Seigneur. Certains se nourrissent d'argent, d'autres de succès ou de vanité, d'autres encore de pouvoir et d'orgueil. Mais il n'est qu'une nourriture qui nourrisse et rassasie vraiment, c'est celle qui vient du Seigneur. La nourriture que nous offre le Seigneur est différente. Mais en apparence, elle n'a peut-être pas la saveur de certaines viandes que nous offre le monde, alors nous rêvons d'autres repas, comme les Hébreux au désert, quand ils regrettaient la viande et les oignons dont ils se régalaient en Égypte, oubliant qu'ils les mangeaient à la table de l'esclavage. En ces heures de tentation, ils se souvenaient, mais leur mémoire était malade, c'était une mémoire sélective. Une mémoire d'esclave, non une mémoire libre.

Aujourd'hui, chacun de nous pourrait se poser la question : « Et moi, où me nourrir, à quelle table manger ? À la table du Seigneur ? Ou à la table de l'esclavage, chargée de mets savoureux ? ». Chacun de nous peut se demander aussi « Qu'ai-je en mémoire ? Le Seigneur qui me sauve, ou la chair et les oignons de l'esclavage ? À quelle mémoire ai-je envie de puiser pour rassasier mon âme ? ».

Le Père nous dit : « Je t'ai nourri d'une manne que tu ne connaissais pas. » Recouvrons la mémoire. Voilà la tâche, récupérer notre mémoire. Et apprenons à reconnaître le faux pain, celui qui trompe et corrompt parce qu'il est le fruit de l'égoïsme, de l'autosatisfaction et du péché.

Mais toi, pourquoi ?

Une personne qui ne croit pas, je n'essaie pas de la convaincre. Jamais. C'est la dernière chose à faire. Parler est la dernière chose à faire. Je dois plutôt vivre en cohérence avec ma foi. C'est mon témoignage qui éveillera sa curiosité. La personne s'étonnera : « Pourquoi fais-tu cela ? » Alors là, oui, je peux parler. Mais il ne faut jamais, jamais porter l'Évangile sous la forme du prosélytisme. Qui se proclame disciple de Jésus et cherche à t'attirer par prosélytisme, en fait, n'est pas disciple de Jésus. Le prosélytisme, ça ne se fait pas. Ce n'est pas le prosélytisme qui fait grandir l'Église. Le pape Benoît l'avait dit, l'Église grandit par l'attraction, par le témoignage. Une équipe de foot peut faire du prosélytisme, ou un parti politique, mais le prosélytisme n'a rien à voir avec la foi. Si quelqu'un me demande : « Mais toi, pourquoi ? », je lui réponds : « Lis, lis, lis l'Évangile, là est ma foi. » Mais sans faire pression.

Reviens dans les bras du Père

Quand je relis ou quand j'écoute ce passage du prophète Osée : « Israël, reviens au Seigneur ton Dieu » (XIV, 1), je me rappelle une chanson qu'interprétait Carlo Buti il y a soixante-quinze ans, et qui enchantait les familles italiennes de Buenos Aires.

Rentre chez ton papa
La berceuse il te chantera

« Rentre » : c'est ton papa qui te dit de rentrer. Dieu est ton papa, ce n'est pas le juge. Ton papa. « Rentre à la maison, écoute, reviens. » Et ce souvenir – j'étais encore petit – me ramène immédiatement au chapitre quinze de Luc, à ce papa qui se lève car il a vu de loin venir son fils. Le fils, parti en emportant tout l'argent, avait tout dépensé (versets 13-14). Mais si le père l'aperçoit de loin, c'est qu'il l'attendait. Sans cesse il montait sur la terrasse depuis des jours, des mois, des années peut-être. Il attendait son fils. Et voilà qu'il l'aperçoit de loin (20). Retourne chez ton papa, reviens auprès de ton père. Il t'attend. C'est la tendresse de

Dieu qui nous parle, surtout pendant le carême. C'est le moment de rentrer en nous-mêmes et de nous souvenir du Père, de revenir auprès du papa.

« Non, Père, j'ai honte de revenir car… Vous savez, Père, j'en ai tant fait, j'ai fait tant de choses… » Que dit le Seigneur ? « Reviens, je te guérirai de ton infidélité, je t'aimerai profondément, car ma colère s'en est allée. Je serai comme une rosée […] ; tu fleuriras comme un lis, et tu pousseras des racines comme un arbre du Liban » (*Osée*, XIV, 5-6). Rentre chez ton père qui t'attend. Le Dieu de la tendresse nous guérira ; il nous guérira des innombrables blessures de la vie, et de tout ce que nous avons fait de mal. Tout le monde en a fait !

Réfléchissons à ceci : revenir à Dieu, c'est retourner dans ses bras, dans les bras du Père.

Une foi accompagnée de persévérance

Foi et persévérance vont ensemble. En effet, si tu as la foi, il est sûr que le Seigneur te donnera ce que tu demandes. Et s'il te fait attendre, frappe, frappe, frappe à sa porte, il finira par te donner la grâce. Le Seigneur n'agit pas ainsi pour se faire désirer. Il ne se dit pas non plus : « Faisons-le attendre. » Il agit ainsi pour notre bien, pour que nous prenions l'affaire au sérieux. Prendre au sérieux la prière, non comme des perroquets – *bla, bla, bla* et voilà tout. Jésus lui-même nous le reprocherait : « Ne soyez pas comme les païens qui rabâchent leurs prières et croient qu'à force de mots ils seront exaucés » (*Matthieu*, VI, 7-8). Non. C'est la persévérance. Et la foi.

Peut-on vraiment aimer de façon désintéressée ?

Question d'une étudiante : « Je voulais vous demander… Comment puis-je affronter la souffrance qui me vient quand je pense qu'après une bonne action, après un geste noble, il subsistera toujours dans mon âme l'envie d'une récompense ? Alors on est incapable de donner si on ne reçoit rien en échange ? D'après vous, pourrai-je atteindre un amour sans arrière-pensées ? Et surtout, est-ce que ça existe, un amour sans arrière-pensées ? »

La réponse du pape François : « C'est vrai, toujours, quand l'un de nous fait quelque chose, il y a danger de le faire de façon intéressée, pour obtenir une récompense. Il est très dur de parcourir le chemin de la gratuité, d'avoir des gestes gratuits. Le seul chemin qui permette d'y arriver, c'est celui de l'amour. Qui aime ne cherche pas son intérêt propre. Car la récompense est dans l'amour lui-même, dans le fait d'aimer. *Aimer*, le mot est important… Je dirai que c'est même ce que nous pouvons faire de plus grand, aimer. Pense aux parents qui se sacrifient pour leurs enfants, sans attendre de récompense ; aux enfants qui se sacrifient pour leurs parents âgés, pour qu'ils ne manquent pas d'affection, pour qu'ils ne manquent pas du nécessaire. Ils vont les voir tendrement. Pense à ceux qui se sacrifient pour leurs amis, par amour… Le chemin de l'amour est la seule chose qui nous protège contre l'égoïsme. Mais il exige des efforts. Il faut mûrir. C'est un chemin de générosité. En général, on est toujours un peu intéressé, on cherche autre chose derrière. Mais le simple fait que tu aies posé la question prouve que ça te préoccupe, ce qui est une très bonne nouvelle. Ça veut dire que tu t'interroges : « Le fais-je pour obtenir quelque chose ? Pour qu'on me "renvoie l'ascenseur" ? » Tu te poses la question, c'est une preuve de maturité.

Posez-vous ces questions, ce sont les questions de la vie. En effet, tous – oui, tous, tous, y compris moi, tous ! – nous sommes un peu égoïstes, tous nous pensons à notre intérêt. J'ai connu une personne très égoïste. Ses camarades l'interpellaient en espagnol : *Yo, me, mi, conmigo, para mi* – autrement dit : « Je, moi, à moi, avec moi, pour moi. » C'était un égocentrique. Les gens qui ont une énergie psychologique centripète n'iront jamais bien dans la vie. Ce sont des gens amers. Ils considèrent seulement leur intérêt. Si quelqu'un réussit mieux qu'ils ne réussissent eux-mêmes, ça les contrarie, ils veulent la même chose… C'est pourquoi le chemin de l'amour est un chemin difficile. Il exige que nous nous débarrassions de beaucoup de nos comportements mauvais, de ce qui n'est pas bon. Le chemin de la générosité nous aide. Le chemin qui consiste à laisser l'autre parler, à l'écouter. Il y en a qui se mettent à parler avant que l'autre ait fini de dire ce qu'il avait à dire… Au contraire, laissons parler les autres, faisons-leur une place. Il y a aussi des gens ennuyeux, on en connaît tous… Des gens lourds… Mais il faut les écouter avec patience. Ça nous aide à nous débarrasser de notre tendance à profiter des autres, ça nous oriente vers la générosité. Le chemin de l'amour, c'est ça. Des petits sacrifices.

Laissons-nous consoler

Le Seigneur console toujours par la *proximité* avec la *vérité* et dans l'*espérance*. Ce sont les trois voies du Seigneur pour consoler.

Par la *proximité*. Il ne s'éloigne jamais. « Je suis là. » Ces mots sont beaux : « Je suis là. » « Je suis là, ici-même, avec vous. » Si souvent exprimés en silence, certes, mais nous savons qu'Il est là. Qu'Il est toujours là. Cette proximité, c'est le style de Dieu, y compris dans l'Incarnation, le fait de se rapprocher de nous. Le Seigneur console par sa proximité. Il ne prononce pas des mots vides, au contraire, il préfère le silence. La force de la proximité, de la présence. Il parle peu, mais il est là.

Par la *vérité*. Jésus est authentique. Il ne dit pas de ces choses formelles qui sont en fait des mensonges : « Non, rassure-toi, ça va passer, il n'arrivera rien, ça va s'arranger, tout s'arrange… » Non. Il dit la vérité. Il ne cache pas la vérité. Ce sont ses propres mots : « Je suis la vérité » (*Jean*, XIV, 2-3). Et la vérité est la suivante : « Je m'en vais. »

Autrement dit, « Je mourrai » (2-3). Nous sommes face à la mort. C'est la vérité. Il le dit simplement, et même avec douceur, sans faire mal. Mais nous sommes face à la mort. Il ne nous cache pas la vérité.

Par l'*espérance*. Oui, c'est un mauvais moment à passer, mais « que votre cœur ne soit pas bouleversé. Fiez-vous à moi aussi » (*Jean*, XIV, 1). Et : « Il y a beaucoup de demeures dans la maison de mon Père. Je vais aller vous préparer une place… » (2). D'abord, il ouvre les portes, les portes de ce passage qui nous attend tous, ainsi j'ai l'espoir. « Je reviendrai vous prendre avec moi pour que vous soyez où je suis » (3). Le Seigneur revient chaque fois que l'un de nous est en route pour aller en ce monde. « Je reviendrai vous prendre » : l'espérance. Il reviendra, il nous prendra par la main, il nous conduira. Il ne dit pas : « Vous ne souffrirez pas, ce n'est rien… » Non, il nous dit la vérité : « Je vous accompagne. Telle est la vérité. C'est un mauvais moment, c'est dangereux, c'est la mort. Mais que vos cœurs ne soient pas bouleversés, restez en paix, gardez cette paix qui est le fondement de toute consolation, car je vais revenir vous prendre par la main et vous emmener là où je serai. »

Il n'est pas facile de se laisser *consoler* par le Seigneur. Si souvent, dans les moments pénibles, nous nous emportons contre lui, nous ne lui permettons pas de venir à nous et de nous parler ainsi, avec cette tendresse, avec cette proximité, avec cette douceur, avec cette vérité et avec cette espérance.

Deux richesses que rien n'emporte

Dieu nous interpelle aujourd'hui sur le sens de notre existence. On pourrait dire, en ayant recours à une image, que les pages de l'Évangile viennent se placer comme un tamis dans le courant de nos vies, elles nous rappellent qu'en ce monde tout passe comme l'eau qui s'écoule. Il est cependant des réalités précieuses, et qui demeurent, telles des pierres précieuses, dans le tamis. Qu'est-ce qui reste, qu'est-ce qui a de la valeur dans la vie, quelles sont ces richesses que rien n'emporte ? À coup sûr, il en est deux : *le Seigneur et mon prochain*. Ces richesses-là, rien ne les emporte ! On ne saurait chérir de plus grands biens. Tout le reste – le ciel, la Terre, les choses les plus belles – disparaîtra. Mais ce que nous ne devons pas chasser de nos vies, c'est *Dieu*, et ce sont *les autres*.

Le salut d'un temps nouveau

La résurrection n'est pas seulement un événement historique, un événement du passé, un objet de souvenir et de célébration. C'est plus que cela, beaucoup plus ! C'est l'annonce du salut, d'un temps nouveau qui retentit et surgit aujourd'hui. « Voici une chose nouvelle, ne la reconnaîtrez-vous pas ? » (*Isaïe*, XLIII, 19). C'est l'*ad-venir* que le Seigneur nous appelle à construire. La foi libère en nous une imagination réaliste, créative, grâce à laquelle nous pouvons renoncer aux logiques de répétition, de substitution ou de conservation ; elle nous invite à instaurer un temps toujours nouveau, le temps du Seigneur. Puisqu'une présence invisible, silencieuse, envahissante et virale nous a précipités dans la crise, nous a ébranlés, laissons cette présence autre, discrète, respectueuse, non invasive, nous appeler à nouveau, nous apprendre à ne plus craindre d'affronter la réalité. Puisqu'une présence impalpable a pu décomposer et renverser les priorités, des états de fait en apparence inamovibles, les agendas mondialisés qui étouffent et dévastent nos communautés, ainsi que notre sœur la Terre, ne craignons pas de laisser la présence de la résurrection nous tracer un chemin, nous ouvrir des horizons, nous donner le courage de vivre ce moment historique et singulier. Une poignée d'hommes peureux ont su produire un cours nouveau, l'annonce vivante du Dieu présent. N'ayez pas peur !

Une vie baignée de lumière

Nous vivons en ce monde des réalités provisoires, des réalités qui ont leur terme ; en revanche, dans l'au-delà, après la résurrection, la mort cessera d'être notre horizon et tout sera vécu, y compris les relations humaines, dans la dimension de Dieu, de manière transfigurée. Même le mariage, signe et instrument de l'amour de Dieu en ce monde, resplendira, transformé en pleine lumière dans la communion glorieuse des saints au paradis.

Les « fils du ciel et de la résurrection » ne sont pas une poignée de privilégiés ; ce sont tous les hommes et toutes les femmes, car la sagesse apportée par Jésus est destinée à chacun de nous. Et la vie des ressuscités sera pareille à celle des anges, c'est-à-dire baignée de la lumière de Dieu, entièrement dévolue à ses louanges, dans une éternité comblée de joie et de paix. Mais attention ! La résurrection, ce n'est pas seulement le fait de renaître après la mort, c'est un nouveau genre de vie que nous expérimentons aujourd'hui déjà ; c'est la victoire sur le néant dont nous avons déjà un avant-goût. La résurrection est le fondement de la foi et de l'espérance chrétienne !

Attends l'avenir en vivant le présent

Laissez-moi vous rappeler que le cardinal François-Xavier Nguyên Van Thuân, quand il était emprisonné dans un camp de concentration, refusait que ses journées consistent seulement à attendre, à espérer un avenir. Il avait choisi de « vivre le moment présent en l'emplissant d'amour ». Et la chose se réalisait ainsi : « Je profite de toutes les occasions de la vie quotidienne pour faire les choses ordinaires de façon extraordinaire. » Tout en luttant pour accomplir tes rêves, vis pleinement le jour présent, donne-le totalement, comble d'amour chaque instant. Car en vérité, ce jour de ta jeunesse sera peut-être le dernier ; il vaut donc la peine de le vivre avec tout ton désir, aussi profondément que possible.

VII

Être l'espérance

Tout est en relation

Quand le cœur est véritablement ouvert à une communion universelle, naît une fraternité dont rien ni personne n'est exclu. Par conséquent, il est vrai aussi que l'indifférence ou la cruauté envers les autres créatures de ce monde finissent toujours par s'appliquer d'une façon ou d'une autre au traitement que nous réservons aux autres êtres humains. Le cœur est un et la misère qui pousse à maltraiter un animal ne tardera pas à se manifester dans la relation avec autrui. Or tout mauvais traitement, envers quelque créature que ce soit, est « contraire à la dignité humaine ». Nous ne pouvons nous regarder comme des personnes vraiment aimantes si nous excluons de nos préoccupations une partie de la réalité : « Paix, justice et protection du créé sont trois questions étroitement reliées ; on ne saurait les séparer pour les traiter chacune à part sans tomber à nouveau dans le réductionnisme. » Tout est relation et nous autres humains sommes tous rassemblés comme des frères et des sœurs en un merveilleux pèlerinage, rassemblés par l'amour que Dieu a pour chacune de ses créatures, et qui nous unit également avec une tendre affection à frère soleil, à sœur lune, à frère rivière, à mère Terre.

Comment ne pas travailler ensemble ?

En tant que chrétiens, nous sommes unis par notre foi en Dieu qui nous donne la vie et nous aime tant. Nous unit notre foi en Jésus Christ, l'unique Rédempteur qui nous a libérés avec son sang bénit et sa glorieuse Résurrection. Nous unit le désir de sa Parole qui guide nos pas. Nous unit le feu de l'Esprit qui nous pousse vers notre mission. Nous unit le commandement nouveau que Jésus nous a laissé, la quête d'une civilisation de l'amour, la passion pour le royaume que le Seigneur nous appelle à bâtir avec lui. Nous unit la lutte pour la paix et la justice. Nous unit la conviction que tout en cette vie s'épuise, mais que nous sommes appelés à la fête céleste où Dieu séchera toutes les larmes et recueillera ce que nous avons fait pour ceux qui souffrent.

Tout cela nous unit. Comment ne pas lutter ensemble ? Comment ne pas prier ensemble et travailler au coude à coude, pour montrer le saint visage du Seigneur et veiller sur son œuvre de création ?

Bâtir notre maison commune

Le monde est bien davantage qu'un problème à résoudre ; c'est un mystère joyeux que nous contemplons dans l'allégresse et la louange. Le défi urgent consistant à protéger notre maison commune inclut une préoccupation, unir toute la famille humaine dans la recherche d'un développement durable et intégral, puisque nous savons que des changements sont possibles. Le Créateur ne nous abandonne pas, il ne fait jamais marche arrière dans son projet d'amour, il ne regrette pas de nous avoir créés. L'humanité a encore la capacité de collaborer pour construire notre maison commune.

Transformez-vous en espérance

Même un jeune garçon, même une petite fille qui aux yeux du monde ne compte pour rien, ou si peu, est aux yeux de Dieu un apôtre du royaume et une espérance ! J'aimerais m'adresser avec force à tous les jeunes : voulez-vous être une espérance pour Dieu ? Voulez-vous être, vous, une espérance ? Voulez-vous être une espérance pour l'Église ?

Un cœur jeune qui accueille l'amour du Christ et se transforme en espérance pour les autres est une force immense ! Vous, jeunes gens, jeunes filles, tous les jeunes, vous devez nous transformer et vous transformer en espérance ! Ouvrir les portes d'un nouveau monde d'espérance. C'est votre mission.

Pensons à ce que signifie cette multitude de jeunes qui ont rencontré le Christ ressuscité à la Journée de la Jeunesse, et portent son amour dans la vie de tous les jours, le vivent, le communiquent. Ils ne font pas la une des journaux et n'intéressent pas les médias, puisqu'ils ne commettent pas d'actes violents ni aucun scandale. Pourtant, en restant unis à Jésus, ils construisent son royaume, ils construisent la fraternité, le partage, les œuvres de miséricorde, ils représentent une force puissante résolue à rendre le monde plus juste, plus beau, à le changer ! J'aimerais m'adresser maintenant aux jeunes gens et aux jeunes filles : avez-vous le courage de relever ce défi ?

Vous mettez-vous en mouvement pour être cette force d'amour et de miséricorde qui a le courage de changer le monde ?

Chers amis, telle est la vraie grande nouvelle de l'Histoire, la bonne nouvelle, celle dont ne parlent ni les journaux ni la télévision : nous sommes aimés de Dieu qui est notre Père et qui a envoyé son fils Jésus vivre auprès de chacun de nous, et nous sauver.

Ceux qui souffrent, médiateurs de lumière

La lumière de la foi ne nous fait pas oublier les souffrances du monde. Pour combien d'hommes et de femmes de foi ceux qui souffrent ont-ils été médiateurs de lumière ! Ainsi le lépreux de saint François d'Assise, ainsi les pauvres de la bienheureuse Mère Teresa de Calcutta. Ces gens de foi ont saisi le mystère qui est en ceux qui souffrent. Bien sûr, en les approchant, ils n'ont pas effacé toutes leurs souffrances, pas plus qu'ils n'ont pu expliquer le mal.

La foi n'est pas une lumière qui dissipe toutes les ténèbres ; c'est plutôt une lampe qui guide nos pas dans la nuit et suffit à notre route. À celui qui souffre, Dieu ne fournit pas un raisonnement qui explique tout, il offre seulement sa réponse sous la forme d'une présence qui accompagne, d'une histoire du bien qui s'unit à toute histoire de souffrance pour ouvrir en elle une brèche de lumière. En Christ, Dieu lui-même a voulu partager avec nous cette route et nous offrir son regard pour voir en elle la lumière. Christ est celui qui, ayant enduré la douleur, « donne naissance à la foi et la porte à son achèvement » (*Hébreux*, 12, 2).

La souffrance nous rappelle que le service de la foi envers le bien commun est toujours service d'espérance tournée vers l'avant, car c'est seulement en Dieu, en l'avenir venu de Jésus ressuscité que peut se trouver le fondement solide et durable de notre société. En ce sens, la foi est unie à l'espérance. En effet, même si notre demeure ici-bas court à sa ruine, il y a une demeure éternelle que Dieu a désormais inaugurée en Christ, en son corps (II, *Corinthiens*, IV, 16-5). Le dynamisme de la foi, de l'espérance et de la charité (I, *Thessaloniciens*, I-3 ; I, *Corinthiens*, XIII, 13) nous fait ainsi embrasser les préoccupations de tous les hommes, sur notre chemin vers cette ville « dont Dieu est l'architecte et le constructeur » (*Hébreux*, XI, 10) car « l'espérance ne déçoit pas » (*Romains*, V, 5).

En sortirons-nous meilleurs ?

Nous avons devant nous le devoir de construire une réalité nouvelle. Le Seigneur le fera ; nous pouvons collaborer. « Je fais toutes choses nouvelles » (*Apocalypse*, XXI, 5).

Quand nous serons sortis de cette pandémie, nous ne pourrons continuer de faire ce que nous faisions avant, ni comme nous le faisions. Non, tout aura changé. Car à quoi aura servi toute cette souffrance si nous ne construisons pas ensemble une société plus juste, plus équitable, plus chrétienne ? Pas chrétienne de nom, mais de fait. Si nous ne construisons pas une réalité qui nous portera à nous conduire en chrétiens. Si nous ne travaillons pas à mettre un terme à d'autres pandémies, celle de la faim dans le monde, celle de la pauvreté qui sévit dans tous nos pays, dans les villes où nous vivons. Sans un tel effort, ces temps auront été inutiles.

De grandes épreuves de l'humanité – et les pandémies en font partie –, on ne sort pas inchangé, on en sort meilleur ou pire.

Je vous le demande, comment voulez-vous, vous, sortir de cette pandémie ? Meilleurs ou pires ? C'est la raison pour laquelle nous nous ouvrons aujourd'hui à l'Esprit saint ; en effet c'est Lui qui change nos cœurs et nous aide à en sortir meilleurs.

Nous n'en sortirons pas meilleurs si nous ne vivons pas pour être jugés selon les paroles de Jésus : « J'avais faim et vous m'avez donné à manger, j'avais soif et vous m'avez donné à boire, j'étais étranger et vous m'avez accueilli, j'étais nu et vous m'avez vêtu, j'étais malade et vous m'avez visité, j'étais en prison et vous êtes venus à moi » (*Matthieu*, XXV, 35-36).

Seul l'amour éteint la haine

Tandis que Jésus, à l'instant de mourir, à bout de forces sur la croix, atteint au paroxysme de la douleur et de l'amour, beaucoup lui répètent ces mots dépourvus de toute pitié : « Sauve-toi toi-même ! » (*Marc*, XV, 30). C'est une tentation essentielle, un piège tendu à tout un chacun, y compris à nous autres chrétiens : penser seulement à se sauver soi-même, ou les siens, ne se soucier que de ses propres problèmes et intérêts, être indifférent à tout le reste. C'est un instinct profondément humain mais perfide ; et c'est le dernier défi lancé au Dieu crucifié.

Sauve-toi toi-même. Ces mots viennent d'abord de « ceux qui passaient non loin de là » (*Marc*, XV, 29). C'étaient des gens ordinaires qui avaient entendu les paroles de Jésus et vu ses prodiges. Et maintenant, ils disent : « Sauve-toi toi-même en descendant de la croix ! » Ils étaient sans compassion, mais ils voulaient des miracles, ils avaient envie de le voir descendre de la croix. Et peut-être nous arrive-t-il à nous aussi de préférer un dieu spectaculaire à un dieu de compassion ; peut-être aurions-nous envie nous aussi d'un dieu puissant aux yeux du monde, d'un dieu qui s'imposerait par la force et mettrait en déroute ceux qui nous veulent du mal. Notre Dieu n'est pas ce dieu-là. Que de fois nous appelons de nos vœux un dieu à notre mesure, plutôt que de nous élever à la mesure de Dieu ; nous voudrions un dieu qui serait comme nous plutôt que de vouloir, nous, devenir comme lui ! C'est ainsi, nous aimons mieux le culte du moi que l'adoration de Dieu. Ce culte qui prospère et se nourrit de l'*indifférence envers autrui*. En fait, ces passants ne s'intéressaient à Jésus que dans la mesure où il pouvait satisfaire leurs désirs. Réduit à l'état de déchet sur la croix, il ne les intéressait plus. Il était devant leurs yeux, mais loin de leur cœur. L'indifférence les tenait éloignés du vrai visage de Dieu.

Sauve-toi toi-même. En deuxième lieu viennent les chefs des prêtres et les scribes. Ceux-là mêmes qui ont condamné Jésus parce qu'ils voyaient en lui une menace. Nous sommes tous des spécialistes de cette attitude-là, crucifier les autres plutôt que nous sauver nous-mêmes. Jésus, c'est le contraire, il se laisse clouer sur le bois pour que nous apprenions à ne pas rejeter le mal sur autrui. Ces chefs religieux l'accusent au nom des autres : « Il en a sauvé d'autres, et il ne peut pas se sauver lui-même ! » (*Marc*, XV, 31). Ils connaissaient Jésus, ils se rappelaient les guérisons, les délivrances qu'il avait accomplies, et voilà qu'ils procédaient à un rapprochement vicieux en insinuant que ça ne rapporte rien de sauver les autres, de leur porter secours. Jésus ne pouvait rien pour lui-même, après avoir tant donné aux autres ! Accusation rouée, tout habillée de phrases religieuses où revient par deux fois le verbe « sauver ». Sauf que l'évangile du « sauve-toi toi-même » n'est pas l'évangile du salut. C'est le plus faux des évangiles apocryphes, celui qui crucifie les autres.

Sauve-toi toi-même. Enfin, même ceux qui sont crucifiés avec Jésus contribuent à cette ambiance de défi contre lui. Comme il est facile de critiquer, de médire, de voir le mal chez les autres plutôt qu'en soi-même, jusqu'à se décharger de ses fautes sur les plus faibles et les exclus ! Mais pourquoi les crucifiés s'en prennent-ils à Jésus ? Parce qu'il ne les délivre pas de la croix. Ils lui disent : « Sauve-toi toi-même, et sauve-nous ! » (*Luc*, XXIII, 39). Ils avaient besoin de Jésus pour résoudre leurs propres problèmes et pour aucune autre raison. Mais Dieu n'est pas là pour nous libérer de nos problèmes, lesquels ne font de toute façon que se reproduire ; il est là pour nous sauver du vrai problème qui est le manque d'amour. Telle est la cause profonde de nos maux personnels, sociaux, internationaux, environnementaux. Ne penser qu'à soi, voilà la source de tout mal. Pourtant, l'un des deux malfaiteurs, en observant Jésus, voit la douceur de l'amour. Et il obtient le paradis de la façon la plus simple, en s'intéressant à Jésus plutôt qu'à lui-même, à celui qui est à son côté plutôt qu'à lui-même (42).

Ce qui s'est passé au Calvaire, c'est le grand duel entre Dieu venu nous sauver et l'homme qui veut se sauver lui-même ; entre la foi en Dieu et le culte du moi ; entre l'homme qui accuse et Dieu qui excuse. Et c'est à Dieu qu'est revenue la victoire ; Dieu dont la miséricorde est descendue sur le monde. De la croix a jailli le pardon, est née à nouveau la fraternité. « La Croix fait de nous des frères », écrit Benoît XVI (*Paroles à la fin de la Via Crucis*, 21 mars 2008). Les bras de Jésus ouverts sur la croix marquent ce tournant ; Dieu ne pointe le doigt sur personne, il embrasse chacun de nous. Car l'amour seul éteint la haine, l'amour seul triomphe de l'injustice jusqu'au bout.

Seul l'amour fait une place à autrui. L'amour est la seule voie menant à la pleine communion entre nous.

Mettez-vous en route !

Aux plus jeunes, surtout, je voudrais dire qu'ils sont des êtres disponibles et généreux, même à leur âge et même face à l'avenir qui s'ouvre devant eux. Il arrive que les incertitudes, la peur du lendemain et les doutes qui affectent la vie quotidienne menacent de paralyser leurs élans, de les freiner dans leurs rêves, au point de les amener à penser qu'il ne vaut pas la peine de s'engager, que le Dieu de la foi chrétienne limite leur liberté. Au contraire, chers jeunes, ne craignez pas de sortir de vous-mêmes et de vous mettre en route ! L'Évangile est la Parole qui libère, transforme et embellit notre vie.

Toujours choisir l'horizon

Les femmes vont les premières annoncer la nouvelle (*Matthieu*, XXVIII, 8), toujours Dieu commence avec les femmes, toujours. Elles ne doutent pas, elles savent, elles l'ont vu, elles l'ont touché. Elles ont vu aussi le sépulcre vide. Il est vrai que les disciples, ne pouvant y croire, ont dit : « Ces femmes ont peut-être un peu trop d'imagination… » Je ne sais pas. Ils avaient leurs propres doutes. Mais elles, elles ne doutaient pas, et ce sont elles finalement qui ont ouvert cette route jusqu'à aujourd'hui : Jésus est ressuscité, il est vivant parmi nous.

Il y a ensuite l'autre front, le front de ceux qui pensent : « Ce tombeau vide va nous en valoir, des problèmes ! » et qui décident de cacher les faits. C'est toujours la même chose, quand nous ne servons pas Dieu, le Seigneur, nous servons l'autre dieu, l'argent. Rappelons-nous, Jésus l'a dit, il y a deux dieux, le Seigneur Dieu et le seigneur argent. On ne peut servir l'un et l'autre. Et pour sortir de cette évidence, de cette réalité, les prêtres, les docteurs de la Loi ont choisi l'autre route, celle que leur offrait le dieu argent, acheter le silence (*Matthieu*, XXVIII, 12-13). Le silence des témoins.

Alors que Jésus venait de mourir, un des soldats avait confessé : « Assurément, cet homme était Fils de Dieu ! » (*Marc*, XV, 39). Mais les gardiennes du sépulcre, les pauvres, ne comprenaient pas ; elles avaient peur car il en allait de leur vie… Alors elles sont allées voir les prêtres, les docteurs de la Loi, et ils les ont payées. Ils ont donné de l'argent aux gardiennes pour qu'elles disent que c'étaient les disciples qui avaient volé le corps de Jésus. Ils avaient acheté le silence. Et cela, mes chers frères, mes chères sœurs, c'est purement et simplement de la corruption. C'est de la corruption à l'état pur. Si tu ne confesses pas Jésus Christ le Seigneur, demande-toi pourquoi : là où est le sceau de ton sépulcre, là est la corruption. Il est vrai que beaucoup ne confessent pas Jésus parce qu'ils ne le connaissent pas, parce que nous ne le leur avons pas annoncé d'une façon cohérente, et c'est notre faute. Mais quand on prend ce chemin en dépit de l'évidence, alors ce chemin est le chemin du diable, celui de la corruption.

Que ce soit dans notre vie personnelle ou dans notre vie sociale, le Seigneur nous aide toujours à choisir d'annoncer la nouvelle, l'annonce qui est l'horizon ouvert, toujours ; il nous pousse à choisir le bien des gens. À ne jamais tomber dans le sépulcre du dieu argent.

Un feu qui se renouvelle

Un adulte doit mûrir sans perdre les valeurs de la jeunesse. Car en vérité, chaque étape de la vie est une grâce permanente, chacune possède une valeur qui ne doit pas s'effacer. Une jeunesse bien vécue reste comme une expérience intérieure ; assimilée à l'âge adulte, elle s'approfondit et continue à donner ses fruits. Si c'est un sentiment typique de la jeunesse que d'être attiré par l'infini qui s'ouvre et commence, on court le risque, une fois adulte, une fois acquis la sécurité et le confort, de négliger toujours davantage cet horizon, de perdre cette valeur inhérente aux années de jeunesse. On devrait au contraire grandir, mûrir et organiser sa vie sans perdre cette attraction, cette large ouverture, cette fascination pour une réalité qui est toujours quelque chose de plus. Chaque étape de la vie nous permet de renouveler et d'accroître notre jeunesse. Quand j'ai commencé mon ministère en tant que pape, le Seigneur a élargi mes horizons, il m'a donné une jeunesse renouvelée. La même chose est possible dans un couple après des années de mariage, chez un moine dans son monastère. Il y a des choses qui ont besoin de sédimenter avec les années, mais ce mûrissement peut cohabiter avec un feu toujours ranimé, avec un cœur toujours jeune.

Échecs et succès dans la famille

Combien de familles sont dans l'angoisse parce qu'un de leurs membres – un jeune, bien souvent – est tombé sous l'emprise de l'alcool, de la drogue, du jeu ou de la pornographie ! Combien de personnes ont perdu le sens de la vie, se trouvent privées de perspectives et d'espoir ! Et combien sont obligées de vivre dans cette misère née de conditions sociales injustes, du manque d'emploi qui leur vole la dignité de ramener du pain à la maison, des inégalités en matière de droit à l'éducation et à la santé ! En pareil cas, la misère morale a tout d'un suicide imminent. Cette forme de misère, d'où provient aussi la ruine économique, s'associe toujours à la *misère spirituelle*, laquelle nous frappe quand nous nous éloignons de Dieu et que nous refusons son amour. Si nous estimons n'avoir pas besoin de Dieu qui en Christ nous tend la main, si nous pensons pouvoir nous suffire à nous-mêmes, alors nous empruntons une route qui mène à l'échec. Dieu seul nous sauve et nous libère vraiment.

Un processus qui n'a rien de facile vers la convivialité

Accueillir et intégrer dans la dignité sont les étapes d'un processus qui n'a rien de facile ; il est cependant impensable de s'imaginer pouvoir l'affronter en érigeant des murs. Je suis effrayé d'entendre dans la bouche de certains leaders des discours marqués par de nouvelles formes de populisme ; ils me rappellent ceux qui ont semé la peur, puis la haine, dans les années trente du siècle dernier. Accueillir et intégrer dans la dignité : il est impensable, comme je l'ai dit, de s'imaginer pouvoir affronter ce processus en érigeant des murs. Nous ne ferions que nous fermer à nous-mêmes l'accès à la richesse dont l'autre est porteur, et qui représente toujours une possibilité de croissance. Nier le désir de communion inscrit dans le cœur de l'homme et dans l'histoire des peuples, voilà qui est contraire au processus d'unification d'une famille humaine qui traverse déjà mille difficultés. Un artiste turinois m'a envoyé récemment un tableau réalisé selon la technique japonaise du « bois brûlé ». Le thème de l'œuvre était la *Fuite en Égypte*. Contrairement à l'imagerie habituelle, saint Joseph n'y est pas représenté comme un homme paisible, mais comme un réfugié syrien portant son enfant sur les épaules. Le tableau ne cherche pas à adoucir la douleur, le drame de Jésus enfant quand il a dû fuir en Égypte. C'est cette même tragédie qui se déroule aujourd'hui.

Seul le dialogue permet de rencontrer autrui, de dépasser les préjugés et les stéréotypes, de se raconter, de mieux se connaître. Dialogue et *convivialité*.

Les générations nouvelles sont porteuses à cet égard d'une chance particulière, à condition que leur soit garanti l'accès aux ressources, qu'elles soient mises en situation de se faire les protagonistes de leur parcours, alors elles deviennent une sève capable de générer de l'avenir et de l'espérance. Un tel résultat n'est possible que là où règne un accueil non superficiel mais sincère et bénévole, pratiqué par tous à tous les niveaux, au plan quotidien des relations interpersonnelles comme au plan politique et institutionnel ; un accueil appuyé par les acteurs culturels, eux dont la responsabilité vis-à-vis de l'opinion publique est encore plus importante.

L'amour plus fort que la dégradation

C'est prouvé, l'extrême pénurie qui sévit dans certains milieux privés d'harmonie, d'espace et de possibilités d'intégration facilite les comportements inhumains, favorise la manipulation des gens par les organisations criminelles. Il règne à la périphérie des grandes villes une telle précarité que l'on y passe sans cesse du surpeuplement à l'anonymat social, d'où l'impression de déracinement qui peut pousser aux comportements antisociaux et à la violence. Je voudrais cependant réaffirmer que l'amour est plus fort. Beaucoup de personnes vivant dans ces conditions sont capables de nouer des liens d'appartenance et de cohabitation, de transformer le surpeuplement en une expérience communautaire sur laquelle se brisent les murs du moi, dans laquelle se franchissent les barrières de l'égoïsme. Cette expérience du salut communautaire est souvent à l'origine de réactions créatives visant à réhabiliter un immeuble ou un quartier.

Tout est en transformation

Tout se transforme, des fleurs poussent dans le désert, joie et consolation imprègnent les cœurs. Ces signes s'accomplissent en Jésus. Il l'affirme lui-même quand il répond aux messagers envoyés par Jean le Baptiste. Que leur dit-il ? « Les aveugles voient, les boiteux marchent, les lépreux sont purifiés, les sourds entendent, les morts ressuscitent » (*Matthieu*, XI, 5). Ce ne sont pas des mots, ce sont des faits qui montrent comment le salut apporté par Jésus s'empare de tout l'être humain et le régénère. Dieu est entré dans l'Histoire pour nous libérer de l'esclavage du péché ; il a dressé sa tente au milieu de nous pour partager notre existence, guérir nos blessures, panser nos plaies et nous donner la vie nouvelle. La joie est le fruit de cette intervention de salut et d'amour de Dieu.

Nous sommes invités à nous laisser entraîner par la joie, la joie du cœur, la joie intérieure qui fait avancer et donne du courage. Un chrétien qui n'est pas joyeux, soit il lui manque quelque chose, soit il n'est pas chrétien ! Le Seigneur vient, il vient dans notre vie en libérateur, il vient nous délivrer de tous les esclavages intérieurs et extérieurs. C'est lui qui nous montre la voie de la fidélité, de la patience et de la persévérance, afin qu'à son retour notre joie soit à son comble.

Dieu guérit nos « mémoires »

Il est essentiel de se souvenir du bien que nous avons reçu. Si nous n'en faisons pas mémoire, nous devenons étrangers à nous-mêmes, nous ne faisons que « passer » dans l'existence ; sans la mémoire, nous nous déracinons du sol qui nous nourrit, et nous nous laissons emporter comme feuille au vent. Alors que la mémoire nous permet de renouer avec nos liens les plus forts, de nous sentir partie prenante d'une histoire, de respirer comme un peuple. La mémoire n'est pas une affaire privée, c'est le chemin qui nous unit à Dieu et aux autres.

Mais il y a un problème. Si la chaîne de transmission des souvenirs se rompt, comment faire alors pour se rappeler ce dont nous avons seulement entendu parler sans en avoir fait l'expérience ? Dieu sait combien c'est difficile, il sait combien notre mémoire est fragile, alors il a accompli pour nous une chose inouïe, il nous a laissé un *mémorial*. Il ne nous a pas laissé seulement des mots, car ce qui s'est dit s'oublie facilement. Il ne nous a pas laissé seulement l'Écriture, car ce qu'on a lu s'oublie facilement. Il ne nous a pas laissé seulement des signes, car on oublie même ce que l'on a vu de ses yeux. Il nous a donné une nourriture, car une saveur ne s'oublie pas facilement. Il nous a laissé un pain dans lequel il est, Lui, vivant et vrai, avec toute la saveur de son amour. Nous pouvons dire quand nous le recevons : « Faites cela en mémoire de moi » (I, *Corinthiens*, XI, 24).

Mémoire orpheline

Le Seigneur guérit en premier notre *mémoire orpheline.* Nous traversons une époque tellement orpheline ! Tant de gens ont leur mémoire marquée par le manque d'affection et les cuisantes déceptions infligées par ceux qui auraient dû donner de l'amour, et n'ont fait que laisser des cœurs orphelins. On voudrait revenir en arrière, modifier le passé, mais c'est impossible. Alors que Dieu, Lui, peut guérir ces blessures en introduisant dans notre mémoire un amour plus grand, le sien. L'Eucharistie nous procure l'amour fidèle du Père qui guérit l'orphelin en nous. Elle nous donne l'amour de Jésus qui a transformé un sépulcre en faisant d'un terme un point de départ, en renversant nos vies. Elle nous donne l'amour de l'Esprit saint qui console, ne nous laisse jamais seuls, soigne nos blessures.

Mémoire négative

Avec l'Eucharistie, le Seigneur guérit aussi notre *mémoire négative*, cette négativité qui vient si souvent de notre cœur. Le Seigneur guérit cette mémoire négative qui fait remonter tout ce qui ne va pas et nous laisse avec la triste conviction de n'être bons à rien, de multiplier les erreurs, d'avoir tort. Jésus vient nous dire que ce n'est pas vrai. Il est heureux d'entrer dans notre intimité et nous rappelle, toutes les fois que nous le recevons, que nous sommes précieux : nous sommes les invités attendus à son banquet, les convives qu'il veut avoir à sa table. Et ce n'est pas seulement parce qu'Il est généreux, c'est parce qu'Il est véritablement amoureux de nous, Il voit et aime le beau et le bien que nous sommes. Le Seigneur sait que le mal et les péchés ne sont pas notre identité ; ce sont des maladies, des infections. Et il vient les soigner avec l'Eucharistie ; elle contient les anticorps contre la négativité qui affecte notre mémoire. Avec Jésus, nous pouvons *nous immuniser contre la tristesse*. Nous aurons toujours devant les yeux nos échecs, nos fatigues, les problèmes qui surgissent à la maison, au travail, les rêves inaccomplis. Mais ils ne nous écraseront plus de leur poids car, plus en profondeur, il y a Jésus qui nous encourage de tout son amour. C'est la force de cette Eucharistie qui fait de nous des *porteurs de Dieu*, des porteurs de joie, non de négativité. Nous qui allons à la messe, nous pouvons nous demander ce que nous apportons au monde. Nos chagrins ? Nos amertumes ? Ou la joie du Seigneur ? Au sortir de la communion, allons-nous recommencer à nous lamenter, à critiquer, à pleurer sur notre sort ? Cela n'améliore en rien les choses. Alors que la joie du Seigneur change la vie.

Mémoire fermée

L'Eucharistie, enfin, nous guérit d'une *mémoire fermée*. Les blessures que nous gardons en nous ne font pas que *nous* créer des problèmes, elles en créent aux autres aussi. Elles nous rendent peureux, soupçonneux, d'abord fermés puis, à la longue, cyniques et indifférents. Elles nous poussent à traiter autrui avec froideur et arrogance, dans l'illusion que nous aurons ainsi le contrôle sur les situations. Mais c'est un piège, seul l'amour guérit en s'attaquant aux racines de la peur, et nous libère des prisons dans lesquelles nous nous murons. C'est ce que fait Jésus quand il vient à nous avec douceur, dans la désarmante fragilité de l'hostie ; c'est ce que fait Jésus, pain rompu rompant les coquilles de nos égoïsmes ; c'est ce que fait Jésus qui se donne pour nous dire que c'est seulement en nous ouvrant que nous nous libérons de nos blocages intérieurs, de la paralysie de nos cœurs.

Moins, c'est plus

La spiritualité chrétienne suggère une façon différente de comprendre la qualité de la vie, encourage une façon d'exister prophétique et contemplative, la capacité d'apprécier totalement sans céder à une consommation obsessionnelle. Cela vaut la peine de retenir une leçon ancienne, présente dans diverses traditions religieuses ainsi que dans la Bible : la conviction selon laquelle « moins, c'est plus ». En effet, l'incessante accumulation de possibilités de consommation distrait le cœur et empêche d'apprécier à sa juste valeur chaque chose et chaque instant. À l'inverse, le fait de s'impliquer sereinement dans toute réalité, si petite soit-elle, nous ouvre davantage de possibilités de compréhension et d'accomplissement personnel. La spiritualité chrétienne propose le développement dans la sobriété et l'aptitude à se réjouir de peu. C'est un retour à la simplicité. Cela permet de s'arrêter, de goûter à la saveur des petites choses, de dire merci aux possibilités qu'offre la vie sans s'attacher à ce que l'on possède ni s'attrister de ce que l'on n'a pas.

Marcher ensemble pour aller loin

Les choses sur lesquelles investir sont la santé, le travail, la suppression des inégalités et de la pauvreté. Jamais le besoin ne s'est tant fait sentir d'un regard riche sur l'humanité, on ne peut recommencer comme avant à chercher la réussite sans se soucier de ceux qui restent à la traîne. Certes, beaucoup continueront à le faire, mais le Seigneur nous demande de changer de cap. Pierre, le jour de la Pentecôte, a dit avec la *parrhésie* de l'Esprit saint : « Convertissez-vous » (*Actes*, II, 38). En d'autres termes, prenez une autre direction, faites demi-tour. Il faut changer, marcher à nouveau vers Dieu et vers notre prochain ; sans nous séparer, sans être anesthésié par les cris des oubliés et de la planète blessée. Il faut être unis pour affronter les pandémies qui sévissent, celle du virus, mais celle aussi de la faim, des guerres, du mépris de la vie, de l'indifférence. C'est seulement en marchant ensemble que nous irons loin.

La justice et autres vertus

J'invite chacun de vous à se sentir impliqué, non seulement dans un travail extérieur en direction des autres, mais aussi dans un autre travail, celui-là personnel et dirigé vers l'intérieur, notre propre conversion. C'est la seule justice qui puisse générer de la justice !

Il faut dire cependant que la justice en elle-même ne suffit pas, qu'elle doit s'accompagner d'autres vertus, surtout des vertus cardinales, celles qui servent de pivots – la prudence, la force, la tempérance.

La prudence nous donne la capacité de distinguer le vrai du faux, et d'attribuer à chacun son dû.

La tempérance, comme élément de modération et d'équilibre dans l'évaluation des faits et des situations, nous rend libres de décider en nous fondant sur notre conscience.

La force permet de dépasser les difficultés rencontrées, de résister aux pressions, aux passions.

Ce que le mondain ignore

Le mondain ignore ; il regarde ailleurs quand la maladie et la douleur surviennent dans sa famille et au-dehors. Le mondain n'a pas envie de pleurer, il préfère ignorer les situations douloureuses, les cacher, les pousser sous le tapis. Il dépense beaucoup d'énergie pour échapper aux situations dans lesquelles se manifeste la souffrance ; il croit possible de dissimuler la réalité.

Au contraire, la personne qui voit les choses comme elles sont vraiment se laissera transpercer par la souffrance, pleurera dans son cœur, sera capable d'atteindre aux profondeurs de la vie et d'être vraiment heureuse. Cette personne est consolée, mais elle l'est par la consolation de Jésus, non par celle du monde. Elle peut trouver ainsi le courage de partager la douleur des autres, de ne plus fuir les situations pénibles. Elle s'aperçoit alors que sa vie prend sens quand elle aide l'autre dans son malheur, quand elle comprend la souffrance de l'autre, quand elle soulage autrui. Elle sent qu'autrui est la chair de sa chair, elle ne craint pas de l'approcher jusqu'à toucher sa plaie, elle a assez de compassion pour vivre la suppression des distances. C'est ainsi que l'on peut accueillir l'exhortation de saint Paul : « Pleurez avec ceux qui pleurent » (*Romains*, XII, 15).

Savoir pleurer avec les autres, c'est cela, la sainteté.

La révolution de la tendresse

Quand nous pensons aux anciens, lorsque nous parlons d'eux, surtout dans la dimension pastorale, nous devons apprendre à modifier un peu le temps des verbes. Il n'y a pas que le passé ! Ne croyons pas que la vie des anciens est seulement derrière eux, telle une archive poussiéreuse. Non. C'est avec eux aussi que le Seigneur peut et veut écrire des pages nouvelles, des pages de sainteté, de service, de prière… Je voudrais vous dire aujourd'hui que les anciens aussi *sont le présent et l'avenir* de l'Église. Oui, l'avenir d'une Église qui, avec les jeunes, prophétise et rêve ! C'est pourquoi il est si important que les anciens et les jeunes se parlent, c'est très important.

La prophétie des anciens s'accomplit quand la lumière de l'Évangile entre pleinement dans leur vie ; quand, tout comme Anne et Syméon, ils prennent Jésus dans leurs bras et annoncent la *révolution de la tendresse*, la bonne nouvelle de Celui qui est venu apporter dans le monde la lumière du Père.

La nature est pleine de mots d'amour

La nature est pleine de mots d'amour, mais comment les entendre quand on vit dans un bruit incessant, dans une distraction permanente et anxieuse, dans le culte du paraître ? Beaucoup sont tellement déséquilibrés qu'ils en viennent à tout faire en vitesse pour se sentir occupés, à vivre dans une urgence de chaque instant qui à son tour les pousse à tout renverser sur leur passage. Ceci affecte notre façon de traiter l'environnement. Une écologie intégrale exige que nous prenions un peu le temps de retrouver une relation d'harmonie sereine avec le créé, de réfléchir à notre mode de vie et à nos idéaux, de contempler le Créateur qui est au milieu de nous et dans ce qui nous entoure, dont la présence ne doit pas être construite mais découverte, dévoilée.

Nous parlons d'un comportement du cœur, traverser toute expérience avec une attention sereine, savoir demeurer pleinement présent à l'autre sans penser déjà à la suite, accueillir chaque moment comme un don divin à vivre en plénitude. Jésus nous enseignait cette conduite quand il nous invitait à observer les lys dans le pré et les oiseaux du ciel, ou quand, en présence d'un homme en recherche, « il le regarda » puis « l'aima » (*Marc*, X, 21). Lui savait très bien demeurer absolument présent à tout être humain, à toute créature ; il nous a montré un chemin pour dépasser l'anxiété maladive qui fait de nous des êtres superficiels, des êtres agressifs, des consommateurs compulsifs.

VIII

Pour offrir en cadeau un sourire

Apprécie toute chose !

La sobriété est libératrice quand elle est vécue comme liberté et en conscience. Ce n'est pas vivre moins. Ce n'est pas vivre en basse intensité. C'est tout le contraire. En fait, ceux qui savourent le plus et vivent mieux le moment présent sont ceux qui cessent de prendre ici et là, de toujours chercher à obtenir ce qu'ils n'ont pas. Ils font l'expérience de ce que veut dire apprécier chaque personne, chaque chose, apprendre à se familiariser avec les réalités les plus simples et être capable d'en jouir. C'est ainsi qu'ils parviennent à réduire la pression des besoins insatisfaits, de sorte que retombent la fatigue et l'anxiété. Il est possible de vivre beaucoup en ayant besoin de peu, surtout quand on sait faire de la place à d'autres plaisirs, quand on tire satisfaction des rencontres fraternelles, des services rendus, du soin apporté à son propre charisme, de la musique et des arts, du contact avec la nature, de la prière. Le bonheur suppose de savoir se passer des nécessités qui nous étourdissent, tout en restant disponible pour les infinies possibilités offertes par la vie.

Nous avons besoin de miséricorde

Nous sommes tous débiteurs. Tous. Envers Dieu qui est si généreux, et envers nos frères. Nous savons que nous ne sommes pas le père ou la mère que nous devrions être, l'époux ou l'épouse que nous devrions être, le frère ou la sœur que nous devrions être. Nous sommes tous « en déficit ». Et nous avons besoin de miséricorde. Nous savons que nous aussi avons fait le mal, et qu'il manque toujours quelque chose au bien que nous avons pu accomplir.

Mais c'est justement cette pauvreté, la nôtre, qui devient force de pardonner ! Nous sommes débiteurs, oui ; et si l'on nous évalue avec la mesure dont nous nous servons pour évaluer les autres (*Luc*, VI, 38), alors il faudra une mesure plus grande, il faudra effacer les dettes, pardonner. Chacun doit se souvenir qu'il a besoin de pardonner, qu'il a besoin du pardon, qu'il a besoin de patience ; tel est le secret de la miséricorde, *c'est en pardonnant qu'on est pardonné*. C'est pourquoi Dieu nous précède et nous pardonne, Lui le premier (*Romain*, V, 8). En recevant son pardon, nous devenons capables de pardonner à notre tour. Ainsi notre propre misère, nos propres carences en matière de justice deviennent occasion de nous ouvrir au royaume des cieux à une mesure plus grande, la mesure de Dieu qui est miséricorde.

Que de saints cachés parmi nous !

Pensons à ces hommes, à ces femmes qui mènent une vie difficile, qui luttent pour leur famille, pour éduquer leurs enfants. Ils le font parce que l'esprit de la force est là pour les aider. Combien d'hommes et de femmes – dont les noms nous sont inconnus – honorent notre peuple, honorent notre Église, parce qu'ils sont forts, avec force ils font progresser leur vie, leur famille, leur travail, leur foi. Ces frères-là, ces sœurs-là sont des saints et des saintes, des saints et des saintes du quotidien, des saints et des saintes cachés au milieu de nous, ils ont véritablement le don de la force pour développer leur devoir en tant que personnes, en tant que pères, en tant que mères, frères, sœurs, citoyens. Nous en avons tant ! Remercions le Seigneur pour tous ces chrétiens d'une sainteté secrète, l'Esprit saint est en eux et les pousse en avant ! Pensons à eux, s'ils font tout cela, s'ils peuvent le faire, alors pourquoi pas nous ? Et pensons aussi à demander au Seigneur de nous octroyer le don de la force.

Une joie inconcevable

Après la résurrection, le Seigneur s'est rendu auprès de ses disciples. Ils savaient déjà qu'il était ressuscité. Pierre le savait lui aussi, puisqu'il avait parlé avec lui le matin même. Et les deux pèlerins revenus d'Emmaüs le savaient également. Pourtant, quand le Seigneur leur est apparu, ils ont pris peur – ils étaient « saisis de frayeur et de crainte » (*Luc*, XXIV, 37).

Cette expérience avait déjà été vécue sur le lac, quand Jésus était arrivé en marchant sur les eaux. Pierre, montrant son courage, avait alors provoqué le Seigneur en disant : « Si c'est toi, ordonne que j'aille à toi sur les eaux » (*Matthieu*, XIV, 28). Mais cette fois, Pierre se taisait. Il avait parlé avec le Seigneur le matin même. Nul ne savait ce qu'ils s'étaient dit et pour cette raison il se taisait. Mais eux étaient saisis de frayeur, ils croyaient voir un esprit. Et Jésus leur dit alors : « Pourquoi êtes-vous bouleversés ? Pourquoi ces doutes qui naissent de votre cœur ? Voyez mes mains, mes pieds… » (*Luc*, XXIV, 38). Il leur montre ses plaies. Les plaies, ce trésor que Jésus a porté au ciel pour les montrer au Père et intercéder en notre faveur. « Touchez-moi, regardez, un esprit n'a pas de chair, ni d'os… » (39) Puis vient une phrase qui m'apporte tellement de consolation, une phrase qui fait de ce passage de l'Évangile un de mes préférés : « Dans leur joie, ils n'osaient encore y croire » (41). Ils ne croyaient pas, ils étaient stupéfaits, la joie les empêchait de croire. Si forte, si grande était cette joie qu'ils se disaient : « Non, ça ne peut pas être vrai. Cette joie-là n'est pas réelle, elle est trop forte. » Ils débordaient de joie, ils étaient paralysés par la joie.

J'y entrerai en boitant, mais j'y entrerai !

C'était un ancien, un homme bon, un bon chrétien, mais un pécheur aussi, et qui avait grande confiance en Dieu. Je l'ai entendu dire un jour : « Dieu m'aidera ; il ne me laissera pas seul. J'entrerai au paradis. J'y entrerai en boitant, mais j'y entrerai. »

Ne nous laissons pas voler l'espérance

Unie à la foi et à la charité, l'espérance nous projette vers un avenir certain. Cet avenir se situe dans une autre perspective que celles offertes par les propositions illusoires des idoles du monde, mais elle donne un nouvel élan, une force nouvelle au vécu quotidien. Ne nous laissons pas voler l'espérance, ne permettons pas qu'elle soit anéantie par des solutions et des propositions immédiates qui nous ferment la route, qui « fragmentent » le temps et le transforment en espace. Le temps est toujours supérieur à l'espace. L'espace cristallise les processus, alors que le temps projette vers l'avenir, et pousse à marcher avec espérance.

Qui nous demande tout nous donne tout

Quand devant Dieu nous scrutons les chemins de la vie, il n'est aucun espace qui en soit exclu. Nous pouvons continuer de nous développer et d'offrir à Dieu quelque chose de plus dans tous les aspects de l'existence, y compris quand ils nous mettent aux prises avec les difficultés les plus considérables. Il faut donc demander à l'Esprit saint de nous libérer, de nous débarrasser de cette peur qui nous pousse à nous fermer à certains aspects de notre vie. Celui qui demande tout est aussi celui qui donne tout. Il n'entend pas entrer en nous pour nous mutiler ou nous affaiblir, mais pour nous apporter la plénitude. Ainsi voyons-nous que le discernement n'est pas une autoanalyse présomptueuse, une introspection égoïste, mais une authentique sortie de nous-mêmes pour aller vers le mystère de Dieu, ce Dieu qui nous aide à vivre la mission à laquelle il nous a appelés pour le bien de nos frères.

Un double mouvement

Pour rester en vie physiquement, il faut respirer. C'est une opération que nous faisons sans y penser. Nous respirons automatiquement. Mais pour demeurer vivants au sens vrai et plénier du terme, il faut apprendre aussi à respirer spirituellement. Cela passe par la prière, par la méditation, par un mouvement intérieur au cours duquel nous pouvons écouter Dieu, ce Dieu qui nous parle au fond de notre cœur. Nous avons aussi besoin d'avoir un mouvement vers l'extérieur, afin de nous rapprocher des autres par des actes d'amour, par des actes de service. Ce double mouvement nous fait grandir. Grâce à lui nous reconnaissons non seulement que Dieu nous a aimés, mais qu'il a confié à chacun une mission, une vocation unique que nous découvrirons dans la mesure où nous nous donnons aux autres, à des personnes concrètes.

Plus aucune peur

Aimer et se donner par amour, tel est le secret d'une existence réussie. On trouve alors la force de « se sacrifier avec joie », et le plus contraignant des engagements devient source d'une joie plus grande. Alors les choix définitifs d'une vie cessent de faire peur, ils apparaissent au contraire dans leur vraie lumière, comme une façon d'atteindre à sa complète liberté.

Seigneur, donne-moi la grâce de devenir meilleur

La conversion, changer son cœur, ce processus nous purifie de l'encrassement moral. Il peut se révéler parfois douloureux, car la voie de la sainteté ne saurait exister sans quelque renoncement ni combat spirituel. Combattre pour le bien, lutter pour ne pas tomber dans la tentation, faire sa part de ce qui est possible pour arriver à vivre dans la paix et la joie des béatitudes. La vie chrétienne n'est pas faite de rêves et de belles aspirations, mais de ces engagements concrets qui permettent de toujours s'ouvrir à la volonté de Dieu et à l'amour de ses frères. Toutefois, cet engagement concret, si petit soit-il, ne peut s'accomplir sans la grâce. La conversion est une grâce que nous devons sans cesse demander : « Seigneur, donne-moi la grâce de devenir meilleur. Donne-moi la grâce d'être un bon chrétien. »

Tenir allumée la lampe de l'espérance

L'espérance chrétienne n'est pas un simple désir, un souhait. Ce n'est pas de l'optimisme. Pour un chrétien, l'espérance est attente, attente fervente, passionnée de l'accomplissement ultime et définitif d'un mystère, le mystère de l'amour de Dieu dans lequel nous sommes nés à nouveau, dans lequel nous vivons déjà. C'est aussi l'attente de quelqu'un qui doit arriver, le Christ, le Seigneur qui jour après jour se rapproche afin de nous faire pénétrer enfin la plénitude de sa communion et de sa paix. L'Église a donc pour mission de garder allumée et bien visible la lampe de l'espérance. Il faut que cette lumière resplendisse comme un signe certain de salut, il faut qu'elle éclaire pour toute l'humanité le sentier qui mène à une rencontre, le visage miséricordieux de Dieu.

Le pacte, c'est celui-là

Éduquer ne consiste pas seulement à transmettre des concepts. Ce serait un héritage des Lumières qu'il convient de dépasser. Éduquer est un engagement qui exige que tous les acteurs y participent de façon solidaire – la famille, l'école et les institutions sociales, culturelles, religieuses. On dit dans certains pays que le pacte éducatif est rompu, et que c'est à cause de ce manque de participation sociale à l'éducation. Éduquer veut dire tenter d'intégrer le langage de la tête au langage du cœur et au langage des mains. L'élève doit penser ce qu'il ressent et ce qu'il fait, ressentir ce qu'il pense et ce qu'il fait, faire ce qu'il ressent et ce qu'il pense. C'est l'intégration totale. En valorisant l'usage de la tête, du cœur et des mains, la formation intellectuelle et socio-émotionnelle, la transmission des valeurs et des vertus individuelles et sociales, l'éveil à une citoyenneté active et solidaire, à la justice, en fournissant les compétences et les connaissances qui forment les jeunes au monde du travail et la société, les familles, les écoles et les institutions deviennent des véhicules essentiels pour l'*empowerment* de la prochaine génération. Alors on ne parlera plus d'un pacte éducatif rompu. Le pacte, c'est celui-là.

Qui que tu sois, tu peux être un saint

Pour certains, la sainteté consiste à fermer les yeux et à faire une tête d'image pieuse. Non ! La sainteté, ce n'est pas ça ! La sainteté va bien au-delà, c'est quelque chose de plus profond que Dieu nous donne. C'est en vivant vraiment avec amour, en offrant son propre témoignage chrétien dans les activités quotidiennes, que nous sommes appelés à devenir des saints. Chacun dans les circonstances et dans les conditions de vie qui lui sont propres.

Mais toi, es-tu consacré, consacrée ?

Alors, sois saint en vivant joyeusement le don qui t'est fait, et ton ministère.

Es-tu marié, mariée ?

Sois saint en aimant et en prenant soin de ton mari ou de ta femme, comme le Christ l'a fait avec l'Église.

Es-tu un baptisé non marié ?

Sois saint en travaillant honnêtement et avec compétence ; en donnant aussi du temps au service de tes frères.

« Mais, mon père ! Je travaille à l'usine ! Comme comptable ! Je suis toujours plongé dans les chiffres, impossible d'être saint en faisant ça…

– Si, tu peux ! Là où tu travailles, tu peux devenir un saint. Dieu te donne la grâce de devenir saint. Dieu se communique à toi. »

Toujours, dans n'importe quel métier, on peut devenir saint ; autrement dit, on peut s'ouvrir à cette grâce qui nous travaille de l'intérieur et nous conduit à la sainteté.

Es-tu parent ? Grand-parent ?

Sois saint en apprenant avec passion à tes enfants et petits-enfants à connaître et à suivre Jésus. Il faut beaucoup de patience pour cela, pour être un bon père, un bon grand-père, une bonne mère, une bonne grand-mère ; il faut énormément de patience, et la sainteté vient avec cette patience – elle vient quand on pratique la patience.

Es-tu catéchiste ? Éducateur ? Volontaire ?

Sois saint en devenant un signe visible de l'amour de Dieu et de sa présence à nos côtés.

Voilà. Toute situation conduit à la sainteté, toujours ! À la maison, dans la rue, au travail, à l'Église ; dans ces moments-là, et quelles que soient les conditions de vie, s'ouvre la route menant à la sainteté. Ne vous découragez pas, prenez cette route. C'est Dieu Lui-même qui nous donne la grâce. Le Seigneur n'attend de nous qu'une seule chose, que nous soyons en communion avec Lui, et au service de nos frères.

Finalement, qu'est-ce que le salut ?

Le salut, c'est la rencontre avec Jésus qui nous aime, nous pardonne et nous envoie l'Esprit de consolation et de protection. Le salut n'est pas la conséquence de nos initiatives missionnaires, encore moins de nos discours sur l'incarnation du Verbe. Le salut de chacun ne peut advenir qu'à travers un regard, lors de la rencontre avec Jésus qui nous appelle. Pour cette raison, le mystère de la prédilection commence et ne peut commencer que dans un élan de joie, de gratitude. C'est la joie de l'Évangile, la « grande joie » de ces pauvres femmes qui, au matin de Pâques, sont allées au sépulcre du Christ, l'ont trouvé vide, les premières qui ont rencontré Jésus ressuscité et ont couru prévenir les autres (*Matthieu*, XXVIII, 8-10). C'est seulement par le fait d'être ainsi choisi et préféré que l'on peut devenir devant le monde entier, par notre vie, témoin de la gloire du Christ ressuscité.

Les gestes semeurs de paix

Sainte Thérèse de Lisieux nous invite à emprunter la petite route de l'amour, à ne pas laisser passer l'occasion d'un mot gentil, d'un sourire, de tout geste modeste semeur de paix et d'amitié. Une écologie intégrale est faite aussi de simples actions quotidiennes où se brise la logique de la violence, de l'exploitation, de l'égoïsme. Inversement, un monde de consommation frénétique est aussi celui de la maltraitance de la vie sous toutes ses formes.

Ne pas avoir peur de la sainteté

N'aie pas peur de la sainteté. Elle ne te privera ni de tes forces, ni de ta vie, ni de la joie. C'est même tout le contraire, tu parviendras à être ce que le Père a pensé quand il t'a créé, tu seras fidèle à ton être propre. Dépendre de Lui nous libère de l'esclavage et nous amène à la reconnaissance de notre dignité.

Les détails de l'amour

Rappelons-nous, Jésus invitait ses disciples à faire attention aux détails. Exemples : le vin vient à manquer lors d'une fête ; il manque une brebis ; la veuve qui dépose ses deux piécettes en offrande ; l'huile qu'il faut avoir en réserve pour la lampe au cas où l'époux tarderait à venir ; la demande faite aux disciples de vérifier combien de pains il reste ; le feu qu'il convient d'entretenir et les poissons gardés sur le gril pour l'arrivée des disciples au lever du jour.

Une communauté qui veille sur les détails de l'amour, dont les membres prennent soin les uns des autres et forment un espace ouvert et évangélisateur, là est le lieu de la présence du ressuscité qui la sanctifie selon le projet du Père.

La prière d'intercession comme amour du prochain

La supplique est l'expression d'un cœur qui met sa confiance en Dieu, sachant qu'il n'y arrivera pas tout seul. Dans la vie du peuple fidèle de Dieu, on en trouve de nombreuses, pleines de tendresse croyante et de confiance profonde. N'ôtons pas sa valeur à la prière de demande qui, bien souvent, nous rassure le cœur et nous aide à avancer, à lutter avec espérance. La supplique d'intercession tire sa valeur particulière du fait qu'elle est acte de confiance en Dieu, en même temps qu'expression d'amour envers son prochain. Certains, en vertu de préjugés spiritualistes, estiment que la prière devrait être pure contemplation de Dieu, qu'elle devrait fuir la distraction, comme si les noms et les visages de nos frères étaient choses importunes qu'il convient d'éviter. En réalité, c'est tout le contraire. La prière sera plus agréable à Dieu, et plus sanctificatrice si en elle, par l'intercession, nous cherchons à vivre le double commandement que nous a laissé Jésus. Inclure dans nos prières la vie des autres, leurs angoisses les plus pénibles et leurs rêves les plus beaux, c'est la preuve que nous sommes capables d'engagement fraternel. De qui se dédie généreusement à l'intercession, on pourra dire en reprenant les mots bibliques : « Voici celui qui nous aime, nous ses frères, et qui prie beaucoup pour notre peuple » (II, *Maccabées*, 14).

Avançons dans la joie

À la fin, nous verrons en face-à-face l'infinie beauté de Dieu (I, *Corinthiens*, XIII, 12), et nous pourrons lire avec une joie pleine d'admiration le mystère de l'univers avec lequel nous participerons d'une plénitude sans fin. Oui, nous avançons vers le sabbat de l'éternité, vers la nouvelle Jérusalem, vers la maison commune du ciel. Jésus nous dit : « Vois, je fais toutes choses nouvelles » (*Apocalypse*, 21, 5). La vie éternelle sera une merveille partagée où chaque créature, lumineusement transformée, sera à sa place et aura quelque chose à offrir aux pauvres définitivement libérés.

Dans cette attente, nous nous unissons pour prendre soin de la maison qui nous a été confiée, sachant que ce qu'il y a de bon en elle sera emporté pour la fête céleste. Avec toutes les créatures, faisons route sur cette terre en cherchant Dieu, car « si le monde a un principe, s'il fut créé, cherche qui l'a créé, cherche qui lui a donné un commencement, qui en est le Créateur ». Et en route, chantons ! Que nos luttes et les inquiétudes suscitées par cette planète ne nous ôtent pas la joie de l'espérance.

Dieu, qui nous appelle à un généreux dévouement, qui nous demande de tout donner, nous procure les forces et la lumière nécessaires pour aller de l'avant. Dans le cœur de ce monde, demeure toujours présent le Seigneur de la vie qui nous aime tant. Lui ne nous abandonne pas, il ne nous laisse pas seuls, car il s'est définitivement uni à notre terre, et son amour nous conduit toujours à découvrir de nouveaux chemins. À Lui nos louanges !

Si tu te laisses aimer

Si tu parviens à apprécier avec le cœur la beauté de cette annonce, et à t'autoriser à rencontrer le Seigneur ; si tu te laisses aimer et sauver par Lui ; si tu entres en amitié avec Lui et si tu commences à converser avec le Christ vivant sur les aspects concrets de ta vie, là sera la grande expérience, là sera l'expérience fondamentale qui soutiendra ta vie chrétienne.

Les saints de la porte à côté

J'aime voir la sainteté dans la patience du peuple de Dieu, chez les parents qui élèvent leurs enfants avec tant d'amour, chez les hommes et les femmes qui travaillent pour qu'il y ait à manger à la maison, chez les malades, chez ces religieuses âgées qui continuent de sourire. Dans cet effort ininterrompu, quotidien pour aller de l'avant, je vois la sainteté de l'Église militante. C'est bien souvent une sainteté « de la porte à côté », celle des gens qui vivent dans notre voisinage, tel un reflet de la présence de Dieu ; ou, pour le dire autrement, c'est « la classe moyenne de la sainteté ».

Laissons-nous stimuler par les signes de sainteté que le Seigneur nous envoie à travers les membres les plus humbles de ce peuple ; lui aussi participe à l'office prophétique du Christ en diffusant partout son témoignage vivant, surtout dans le cours d'une vie de foi et de charité. Comme le suggère sainte Thérèse-Bénédicte de la Croix, n'oublions pas que c'est par nombre d'entre eux que se construit l'Histoire véritable : « Dans la plus sombre nuit, se lèvent les plus grands prophètes et les saints. Cependant, le courant vivifiant de la vie mystique demeure invisible. Il est certain que les événements décisifs de l'Histoire ont été principalement influencés par des âmes dont les livres d'histoire ne parlent pas. Et quelles sont les âmes que nous devons remercier pour les événements décisifs de notre vie personnelle ? Voilà une chose que nous saurons seulement le jour où tout ce qui est caché sera dévoilé. »

Prendre soin de tout ce qui existe

François est l'exemple par excellence du soin apporté à ce qui est fragile, d'une écologie intégrale vécue comme joie et authenticité. C'est le saint patron de tous ceux qui étudient et travaillent dans le domaine de l'écologie, aimé aussi de beaucoup de non chrétiens. Il a prêté une attention à la création de Dieu et aux plus pauvres, aux abandonnés. Il aimait, et il était aimé pour sa joie, pour son généreux dévouement, pour son cœur universel. C'était un mystique et un pèlerin qui vivait dans la simplicité et dans une merveilleuse harmonie avec Dieu, avec les autres, avec la nature et avec lui-même. Il nous apprend combien sont inséparables le souci de la nature, la justice envers les pauvres, l'engagement dans la société et la paix intérieure.

Son témoignage montre aussi que l'écologie intégrale exige de s'ouvrir aux catégories qui transcendent le langage des sciences exactes ou de la biologie, et se connectent à l'essence de l'humain. Comme il arrive quand nous tombons amoureux, chaque fois que François regardait le soleil, la lune, les animaux les plus minuscules, sa réaction était de chanter, en associant à ses louanges toutes les autres créatures. Il entrait en communication avec le créé dans sa totalité, il prêchait même aux fleurs et les « invitait à louer et à aimer Dieu comme des êtres doués de raison ». Sa réaction allait beaucoup plus loin qu'une reconnaissance intellectuelle ou qu'un calcul économique ; il regardait en effet toute créature comme une sœur unie à lui par des liens d'affection. C'est ainsi qu'il se sentait appelé à prendre soin de tout ce qui existe.

Le cadeau d'un sourire

La gentillesse libère de la cruauté qui pénètre quelquefois les relations humaines, de l'anxiété qui nous empêche de penser aux autres, du sentiment d'urgence et de distraction qui nous fait oublier que les autres aussi ont le droit d'être heureux. Il est rare aujourd'hui de trouver du temps et de l'énergie pour se rendre disponible aux autres, pour dire : « Vous permettez ? », « Excusez-moi », « Merci ». Il arrive pourtant que le miracle se produise, et voilà une personne aimable qui met de côté ses préoccupations et ses priorités pour prêter attention, pour faire cadeau d'un sourire, pour dire un mot d'encouragement, pour ouvrir un espace d'écoute dans la vaste étendue de l'indifférence. Cet effort pratiqué au quotidien est à même de créer la saine convivialité qui vient à bout des incompréhensions et empêche les conflits. La pratique de la gentillesse n'est pas un détail secondaire ni un comportement superficiel ou bourgeois. Elle présuppose estime et respect ; et quand elle devient culture d'une société, elle transforme en profondeur le style de vie, les rapports sociaux, les façons de débattre et de confronter les idées. Elle facilite la recherche de consensus et ouvre des routes là où l'exaspération détruit tous les ponts.

L'espérance transforme le désert en jardin

L'Histoire véritable n'est pas celle que font les puissants, mais *celle que Dieu fait avec ses humbles.* L'Histoire véritable – celle qui demeurera pour l'éternité – est celle que Dieu écrit *avec ses humbles.* Les humbles sont les gens simples que nous trouvons autour de Jésus nouveau-né : Zacharie et sa femme Élisabeth, des personnes âgées marquées par la stérilité ; Marie, la jeune vierge promise à Joseph ; ces bergers que l'on méprisait, qui comptaient pour rien. Ce sont des petites gens que leur foi grandit, *des humbles qui savent continuer d'espérer.* Et l'espérance est la vertu des *humbles.* Les grands, les satisfaits ne connaissent pas l'espérance, ils ne savent pas ce que c'est.

Ouvrons-nous à la leçon de l'espérance. Attendons avec confiance la venue du Seigneur. Quelque désert que soit notre vie – et chacun sait quel désert il traverse –, elle deviendra un jardin fleuri. L'espérance ne déçoit pas !

La vraie route du bonheur

Lire et méditer les béatitudes, voilà qui fait toujours beaucoup de bien. Jésus les a proclamées lors de sa première grande prédication au bord du lac de Galilée. La foule était nombreuse et il a gravi la montagne pour enseigner ses disciples. D'où le nom que l'on donne à cette prédication, « Discours sur la montagne ». Dans la Bible, cette montagne est présentée comme le lieu où Dieu se révèle ; Jésus, en y prêchant, se présente comme le maître divin, comme le nouveau Moïse. Et quel est son message ? Son message, c'est le chemin de la vie, cette vie qu'en fait il parcourt lui-même, cette vie qu'il *est* lui-même et qu'il propose comme *chemin du vrai bonheur*.

En proclamant les béatitudes, Jésus nous invite à le suivre, à parcourir avec lui le chemin de l'amour, le seul qui conduise à la vie éternelle. Ce n'est pas un chemin facile, mais le Seigneur nous assure de sa grâce, il ne nous laissera jamais seuls. La pauvreté, les afflictions, les humiliations, la lutte pour la justice, les peines de la conversion quotidienne, les combats que l'on mène pour répondre à l'appel à la sainteté, les persécutions et mille autres défis sont présents dans nos vies. Mais si nous ouvrons la porte à Jésus, si nous le laissons entrer dans notre histoire, si nous partageons avec lui joies et souffrances, nous expérimenterons une paix et une joie que Dieu seul peut offrir, lui qui est amour infini.

LA JOIE DE LA PRIÈRE

Mes prières

Aide, Mère, notre foi

Aide, Mère, notre foi !
Ouvre notre écoute à la Parole,
pour que nous reconnaissions la voix de Dieu
et son appel.
Éveille en nous le désir de marcher sur ses pas,
en sortant de notre terre, en accomplissant sa promesse.
Aide-nous à nous laisser toucher par son amour,
afin que nous puissions le toucher avec foi.
Aide-nous à mettre en Lui toute notre confiance,
à croire en son amour, surtout dans les moments
de détresse et de croix,
Quand notre foi est appelée à mûrir.
Répands dans notre foi la joie du Ressuscité.
Rappelle-nous que celui qui croit n'est jamais seul.
Apprends-nous à regarder avec le regard de Jésus,
afin qu'Il soit lumière sur notre chemin.
Et que cette lumière de la foi grandisse toujours en nous,
jusqu'à ce que vienne ce jour sans crépuscule
qu'est le Christ lui-même, ton Fils, notre Seigneur !

Santé des malades

Ô Marie,
tu resplendis toujours sur notre chemin
comme un signe de salut et d'espérance.
Nous mettons notre confiance en toi, santé des malades,
toi qui au pied de la croix as participé
à la douleur de Jésus
en gardant ferme ta foi.
Toi, Salut du peuple romain,
tu sais de quoi nous avons besoin
et nous sommes sûrs que tu y pourvoiras,
comme à Cana de Galilée,
afin que puissent revenir la joie et la fête
après ce temps d'épreuves.
Aide-nous, Mère du Divin Amour,
à nous conformer à la volonté de Dieu
et à faire ce que nous dira Jésus,
Lui qui a pris sur lui nos souffrances
et s'est chargé de nos douleurs
pour nous conduire, par la croix,
à la joie de la résurrection.
Amen.

Mère de la vie

Mère de la vie,
dans ton sein maternel s'est formé Jésus,
Le Seigneur de tout ce qui existe.
Ressuscité, Il t'a transformée par sa lumière
Et t'a faite reine de tout le créé.
C'est pourquoi nous te demandons, ô Marie,
de régner dans le cœur palpitant de l'Amazonie.
Montre-toi comme mère de toutes les créatures,
dans la beauté des fleurs, des fleuves,
du grand fleuve qui la traverse
et de tout ce qui frémit dans ses forêts.
Protège de ton affection cette explosion de beauté.
Demande à Jésus de répandre son amour
sur les hommes et sur les femmes qui y vivent,
pour qu'il sache l'admirer et veiller sur elle.
Fais que ton fils naisse dans leurs cœurs
et qu'il resplendisse sur l'Amazonie,
sur ses peuples et dans sa culture,
avec la lumière de sa Parole, avec le réconfort de son amour,
avec son message de fraternité et de justice.
Qu'en toute Eucharistie
S'élève aussi une si grande merveille
pour la gloire du Père.
Mère, veille sur les pauvres d'Amazonie,
dont on détruit les maisons
au nom d'intérêts mesquins.

Que de souffrances, que de misères,
que d'abandon et d'arrogance
sur cette terre bénite,
débordante de vie !
Touche la sensibilité des puissants,
car même si nous sentons qu'il est déjà tard,
tu nous appelles à sauver
ce qui vit encore.
Mère du cœur transpercé,
toi qui souffres de l'outrage fait à tes enfants,
des blessures infligées à la nature,
règne sur l'Amazonie
avec ton Fils.
Règne pour que personne ne se sente plus patron
de l'œuvre de Dieu.
En toi nous mettons notre confiance, Mère de la vie,
ne nous abandonne pas
en ces temps obscurs.
Amen.

Prière commune pour la Terre et l'humanité

Dieu aimant,
Créateur du ciel, de la Terre et de tout ce qu'ils contiennent,
Ouvre nos esprits et touche nos cœurs,
afin que nous puissions être part du créé, le don que tu nous as fait.

Sois attentif aux démunis en ces temps difficiles, aux plus pauvres et aux plus vulnérables en particulier. Aide-nous à faire preuve d'une solidarité créative pour affronter les conséquences de cette pandémie mondiale. Donne-nous le courage d'aborder les changements concernant la recherche du bien commun. Maintenant plus que jamais, afin que nous puissions tous nous sentir connectés et interdépendants.

Fais en sorte que nous parvenions à écouter et à répondre au cri de la Terre et au cri des pauvres. Puissent les souffrances présentes être les douleurs qui accompagnent la naissance d'un monde plus fraternel et durable.

Sous le regard aimant de Marie auxiliatrice, nous te prions par le Christ Notre Seigneur. Amen.

La honte, le repentir et l'espérance

Seigneur Jésus, nous tournons vers Toi notre regard plein de honte, de repentir et d'espérance.

Devant ton suprême amour, nous avons honte de t'avoir abandonné quand tu souffrais pour nos péchés ; honte de nous être enfuis devant l'épreuve, après t'avoir répété des milliers de fois : *Quand bien même tous t'abandonneraient, moi je ne te laisserai jamais !*

Honte d'avoir choisi non Toi mais Barrabas, non Toi mais le pouvoir, non Toi mais l'apparence, non Toi mais l'argent, non l'éternité mais la mondanité.

Honte de t'avoir tenté avec la bouche et le cœur, chaque fois que s'est présentée une épreuve, en disant : « Si Tu es le Messie, sauve-toi, alors nous te croirons ! »

Honte de voir que tant de gens, même parmi tes ministres, se sont laissé abuser par l'ambition et la vaine gloire, perdant ainsi leur dignité et leur premier amour.

Honte de voir nos générations laisser aux jeunes un monde fracturé par les divisions et les guerres, dévoré par l'égoïsme qui marginalise les jeunes, les humbles, les malades et les personnes âgées.

Honte d'avoir perdu la honte.

Seigneur Jésus, donne-nous toujours la grâce de la sainte honte ! Notre regard est plein aussi d'un repentir qui, devant ton éloquent silence, implore la miséricorde.

Le repentir né de la certitude que Toi seul peux nous sauver du mal, Toi seul peux nous guérir de ces lèpres que sont l'égoïsme, la vanité, l'avidité, l'esprit de vengeance, de cupidité, d'idolâtrie ; Toi seul peux nous embrasser à nouveau, nous restituer notre dignité filiale, te réjouir de nous voir rentrer à la maison, revenir à la vie.

Le repentir qui s'épanouit quand nous éprouvons notre petitesse, notre vacuité, notre vanité, et se laisse caresser par ta douce et puissante invitation à nous convertir .

Le repentir de David qui, des abysses de sa misère, retrouve en Toi sa force unique.

Le repentir né de notre propre honte, de la certitude que notre cœur demeurera inquiet tant qu'il ne T'aura pas trouvé, qu'il n'aura pas trouvé en Toi la source unique de toute plénitude et apaisement.

Le repentir de Pierre qui, croisant Ton regard, pleure des larmes amères parce qu'il T'a renié devant les hommes.

Seigneur Jésus, donne-nous toujours la grâce du saint repentir !

Devant ta majesté suprême, l'étincelle de l'espérance se lève dans les ténèbres de notre désespoir, car nous savons que ta seule mesure pour nous aimer est de nous aimer sans mesure.

L'espérance, car ton message ne cesse d'inspirer aujourd'hui encore tant de personnes et de peuples convaincus que seul le bien peut prendre le pas sur le mal et la méchanceté, que seul le pardon peut venir à bout de la rancune et de la vengeance, que seuls des bras fraternellement ouverts peuvent mettre en déroute l'hostilité et la peur de l'autre.

L'espérance, car de ton sacrifice émane aujourd'hui encore le parfum de l'amour divin, cet amour qui caresse le cœur de tant de jeunes gens résolus à consacrer leur vie en devenant des exemples vivants de charité et de gratuité, en un monde dévoré par la logique du profit et de l'argent facile.

L'espérance, car tant de missionnaires, hommes et femmes, continuent aujourd'hui encore de défier la *conscience endormie* de l'humanité, de Te servir au risque de leur vie en servant les pauvres, les exclus, les migrants, les invisibles, les exploités, les affamés et les détenus.

L'espérance, car ton Église, sainte et faite de pécheurs, continue aujourd'hui encore, en dépit de tout ce qui est fait pour la discréditer, d'être une lumière qui éclaire, encourage, soulage et témoigne de Ton amour infini de l'humanité, un modèle d'altruisme, une arche de salut et une source de certitude, de vérité.

L'espérance, car de ta Croix, fruit de l'avidité, de la lâcheté de tant de docteurs de la loi, de tant d'hypocrisies, est née la résurrection qui transforme les ténèbres de la tombe en splendeur de l'aube, en dimanche sans crépuscule, qui nous enseigne que *ton amour est notre espérance*.

Seigneur Jésus, donne-nous toujours la grâce de la sainte espérance ! Aide-nous, Fils de l'homme, à nous dépouiller de l'arrogance dont faisait preuve le larron, celui qui était crucifié à ta gauche, dont font preuve les myopes et les corrompus, tous ceux qui ont vu en Toi une occasion d'exploiter les autres, un condamné à vilipender, une défaite à moquer, une occasion supplémentaire de faire porter aux autres, voire à Dieu, le poids de leurs propres fautes.

Au contraire, Fils de Dieu, nous Te demandons de nous faire ressembler au bon larron, celui qui te regardait d'un œil plein de honte, de repentir et d'espérance ; celui qui, avec les yeux de la foi, a vu dans ton apparente défaite une victoire divine ; celui qui s'est incliné devant Ta miséricorde et *a volé le paradis avec honnêteté* !

Amen !

Les croix du monde

Seigneur Jésus, aide-nous à voir toutes les croix du monde :

La croix des personnes affamées de pain et d'amour.

La croix des personnes seules et abandonnées même de leurs propres enfants et parents.

La croix des personnes assoiffées de justice et de paix.

La croix des personnes qui n'ont pas le réconfort de la foi.

La croix des personnes âgées accablées par le poids des ans et de la solitude.

La croix des migrants qui trouvent porte close du fait de la peur, des cœurs fermés et des calculs politiques.

La croix des petits, blessés dans leur innocence et dans leur pureté.

La croix de l'humanité qui erre dans les ténèbres de l'incertitude et dans l'obscure culture du temporaire.

La croix des familles brisées par la trahison, par les séductions du malin, par une légèreté homicide ou par l'égoïsme.

La croix des consacrés qui s'efforcent d'apporter infatigablement ta lumière dans le monde, et se sentent rejetés, moqués, humiliés.

La croix des consacrés qui ont oublié leur premier amour en route.

La croix de ceux de tes enfants qui, croyant en Toi et cherchant à vivre selon ta Parole, se trouvent marginalisés et mis à l'écart y compris par leurs proches et leurs pairs.

La croix de nos faiblesses, de nos hypocrisies, de nos trahisons, de nos péchés et de nos innombrables promesses non tenues.

La croix de ton Église qui, fidèle à Ton Évangile, peine à porter ton amour, y compris chez ses baptisés.

La croix de l'Église, ton épouse, qui sans cesse se sent agressée de l'intérieur et de l'extérieur.

La croix de notre maison commune qui se flétrit sérieusement sous nos yeux égoïstes, aveuglés par la cupidité et le pouvoir.

Seigneur Jésus, ravive en nos cœurs l'espérance de la résurrection et de ta victoire définitive contre tout mal et toute mort.

Amen !

Merci

Merci, Seigneur, d'être aujourd'hui avec nous.

Merci, Seigneur, de partager nos souffrances.

Merci, Seigneur, de nous donner de l'espérance.

Merci, Seigneur, pour ta grande miséricorde.

Merci, Seigneur, d'avoir voulu être l'un de nous.

Merci, Seigneur, d'être toujours à nos côtés, même dans les moments de croix.

Merci, Seigneur, car tu nous donnes de l'espérance.

Seigneur, qu'on ne nous vole pas l'espérance !

Merci, Seigneur, de t'être souvenu de nous au moment le plus obscur de ta vie, sur la croix, et de nous avoir laissé une mère.

Merci, Seigneur, de ne pas nous avoir laissés orphelins.

Prière pour la Terre

Dieu Tout-Puissant,
Toi qui es présent dans tout l'univers
et dans la plus petite de tes créatures,
Toi qui entoures de ta tendresse
tout ce qui existe,
répands en nous la force de Ton amour
afin que nous prenions soin
de la vie et de la beauté.
Inonde-nous de paix, afin que nous vivions comme des frères et des sœurs,
sans nuire à quiconque.
Ô Dieu des pauvres,
aide-nous à ramener à nous les abandonnés
et ces oubliés de la Terre
qui valent tant à tes yeux.
Assainis notre vie
afin que nous protégions le monde au lieu de l'abîmer,
y répandions de la beauté
au lieu de le polluer et de le détruire.
Touche les cœurs
de ceux qui ne cherchent que leur profit
au détriment des pauvres et de la Terre.
Apprends-nous à découvrir la valeur de toute chose,
à nous étonner,
à reconnaître que nous sommes profondément unis
à toutes les créatures,

sur notre chemin vers ta lumière infinie.
Merci d'être tous les jours à nos côtés.
S'il Te plaît, soutiens-nous dans notre lutte
pour la justice, l'amour et la paix.

Prière chrétienne pour le Créé

Nous te louons, Père, avec toutes tes créatures,
elles qui naquirent de ta puissante main.
Elles sont à Toi, elles sont comblées de Ta présence
et de Ta tendresse.
Laudato si'!
Fils de Dieu, Jésus,
par Toi toutes choses furent créées.
Tu as pris forme dans le sein maternel de Marie,
Tu as voulu faire partie de cette terre,
Tu as regardé ce monde avec des yeux humains.
Tu vis aujourd'hui en toute créature
dans Ta gloire de ressuscité.
Laudato si'!
Esprit saint qui par ta lumière
Orientes ce monde vers l'amour du Père
et accompagnes les plaintes de la création,
tu vis aussi dans nos cœurs
pour nous entraîner vers le bien.
Laudato si'!
Seigneur Dieu, unique et trinitaire,

surprenante communauté d'amour infini,
apprends-nous à te contempler
dans la beauté de l'univers
où tout parle de Toi.
Réveille notre louange et notre gratitude
envers tout être que tu as créé.
Donne-nous la grâce de nous sentir intimement unis
à tout ce qui existe.
Dieu d'amour, montre-nous notre place en ce monde
comme instruments de ton affection
pour tous les êtres de cette terre,
car tu n'oublies pas même un seul d'entre eux.
Éclaire les maîtres de l'argent et du pouvoir.
Pour qu'ils ne tombent pas dans le péché d'indifférence,
pour qu'ils aiment le bien commun, favorisent les faibles,
et prennent soin de ce monde que nous habitons.
Les pauvres crient, la Terre crie :
Seigneur, prends-nous avec ton pouvoir et ta lumière,
pour protéger toute vie,
pour préparer un avenir meilleur,
afin que vienne Ton Règne
de justice, de paix, d'amour et de beauté.
Laudato si'!
Amen.

Pour demander la grâce d'être attentif au cri des pauvres

Dieu, Père de Miséricorde et de tout bien,
nous te remercions pour le don de la vie
et pour le charisme de sainte Mère Teresa.
Dans Ton immense Providence tu l'as appelée
à témoigner de Ton amour
parmi les plus pauvres de l'Inde et du monde.
Elle a su faire du bien à ceux qui en avaient le plus besoin
parce qu'elle a reconnu en tout homme, en toute femme,
le visage de Ton Fils.
Obéissante à Ton Esprit,
elle a donné sa voix à la prière des pauvres
et de tous ceux
qui ont faim et soif de justice.
Accueillant le cri de Jésus en croix :
« J'ai soif »,
Mère Teresa a étanché
la soif de Jésus en croix,
accomplissant les œuvres de l'amour miséricordieux.
Sainte Mère Teresa,
mère des pauvres,
nous demandons ton intercession et ton aide,
ici dans ta ville natale,
ici où tu avais ta maison.
Ici tu as reçu le don de la renaissance
par les sacrements de l'Initiation chrétienne.

Ici les premiers mots de la foi te sont parvenus
au sein de ta famille et de la communauté des fidèles.
Ici tu as commencé à voir
et à connaître les gens qui étaient dans le besoin,
les pauvres, les humbles.
Ici tu as appris de tes parents à vouloir faire du bien
aux plus nécessiteux, à les aider.
Ici, dans le silence de l'église,
tu as entendu l'appel de Jésus
te demandant de Le suivre
en tant que religieuse, dans les missions.
D'ici nous te prions : intercède auprès de Jésus
pour que nous obtenions à notre tour la grâce
d'être vigilants et attentifs au cri des pauvres,
de ceux qui sont privés de leurs droits,
des malades, des personnes marginalisées, des derniers.
Qu'il nous consente la grâce de Le voir
dans les yeux de ceux qui nous regardent
parce qu'ils ont besoin de nous.
Qu'il nous donne un cœur qui sache aimer Dieu
présent en tout homme, en toute femme,
un cœur qui sache le reconnaître en ceux
qu'affligent souffrances et injustices.
Qu'il nous consente la grâce d'être nous aussi
les signes d'amour et d'espérance de notre temps,
un temps où tant de personnes sont dans le besoin,
tant sont abandonnées, marginalisées, déplacées.

Fasse que notre amour ne soit pas seulement verbal,
mais qu'il soit au contraire efficace et vrai,
afin que nous puissions apporter
un témoignage crédible à cette Église
dont le devoir
est de prêcher aux pauvres l'Évangile,
aux prisonniers la libération, aux affligés la joie,
à tous la grâce du salut.
Sainte Mère Teresa, priez pour cette ville,
pour ce peuple, pour son Église
et pour tous ceux qui veulent suivre le Christ
en se faisant ses disciples,
les disciples du Bon Pasteur,
en accomplissant des œuvres de justice, d'amour,
de miséricorde, de paix et de services,
comme Il l'a fait Lui-même en venant
non pour être servi,
mais pour servir et donner à tous,
Christ notre Seigneur.
Amen.

Ton cri, Seigneur

« Mon Dieu, mon Dieu, pourquoi m'as-tu abandonné ? » (*Matthieu*, XXVII, 47).

Ton cri, Seigneur, ne cesse de résonner,
de retentir entre ces murs, témoins des souffrances
vécues par tant d'enfants de ce peuple.

Les Lituaniens et des ressortissants d'autres nations
ont souffert dans leur chair le délire de toute-puissance
de ceux qui prétendaient vouloir tout contrôler.
Dans ton cri, Seigneur, trouve écho le cri de l'innocent
qui, unissant sa voix à la tienne, se tourne vers le ciel.
C'est le vendredi saint de la douleur et de l'amertume,
de la désolation et de l'impuissance,
de la cruauté et du non-sens
[vécus par le peuple lituanien]
face à l'ambition effrénée qui endurcit et aveugle le cœur.
En ce lieu de mémoire, nous T'implorons,
Seigneur, fais que Ton cri nous tienne éveillés.
Que Ton cri, Seigneur, nous délivre de cette maladie spirituelle
qui ne cesse, comme peuple, de nous tenter :
l'oubli de nos pères, de tout ce qui a été souffert et enduré.
Que dans ton cri, dans la vie de nos pères
qui ont tant souffert, nous puissions trouver le courage
de nous engager résolument dans le présent et dans l'avenir ;
que ce cri nous pousse à ne pas nous plier aux modes de ce temps,
aux slogans simplificateurs, à toute tentative de réduire
et de voler à quiconque la dignité dont tu l'as revêtu.
Seigneur, que notre terre [la Lituanie] soit un phare d'espérance.
Qu'elle soit terre de cette mémoire active
qui renouvelle le combat contre toute injustice.

Qu'elle soutienne les efforts créatifs visant à défendre les droits de chacun,
en particulier ceux des sans-défense,
des plus vulnérables.
Qu'elle enseigne la réconciliation et l'harmonisation des différences.
Seigneur, ne nous laisse pas rester sourds au cri
de tous ceux qui aujourd'hui encore élèvent la voix et se tournent vers le ciel.

Prière de bonne humeur de saint Thomas More

Donne-moi, Seigneur, une bonne digestion,
et quelque chose à digérer.
Donne-moi la santé du corps,
avec la bonne humeur nécessaire pour l'entretenir.
Donne-moi, Seigneur, une âme sainte
qui sache faire trésor de ce qui est bon et pur,
et ne s'effraie pas devant le péché,
mais trouve plutôt la bonne façon de remettre
les choses à leur place.
Donne-moi une âme qui ignore l'ennui,
les lamentations, les jérémiades et les soupirs,
ne me laisse pas m'inquiéter outre mesure
pour cette chose si encombrante appelée le « moi ».
Donne-moi, Seigneur, le sens de l'humour.

Fais-moi la grâce de comprendre les plaisanteries,
afin qu'entre dans ma vie quelque joie,
et que je puisse la communiquer aux autres.
Ainsi soit-il.

APPENDICE

Un sourire dans la tourmente

Interview accordée par Sa Sainteté le pape à Gian Marco Chiocci

Un filet de voix qu'accompagne un sourire.

« Bonjour, bienvenue… »

Tels sont les mots par lesquels le Saint-Père m'accueille dans les salles du Vatican où il a accepté de répondre aux interrogations qui agitent beaucoup l'Église, inquiètent les cardinaux, angoissent les fidèles et divisent les employés qui l'acclament ou le critiquent, selon la paroisse à laquelle ils appartiennent.

On ne rencontre pas un pape tous les jours ; c'est un cadeau d'émotions rares, intenses, très puissantes, même si le maître des lieux fait tout ce qu'il peut pour mettre son visiteur non seulement à l'aise mais – et c'est paradoxal –

au même niveau que lui. La pièce nue est meublée de deux sièges, d'une table et d'un crucifix. Dehors, une pandémie porte l'appréhension à son comble. Échanger avec François dans ces conditions augmente le désir d'espérance et de foi face à l'inconnu, cette foi dont certains pensent qu'elle serait en train de s'effondrer à cause des scandales, des gaspillages, des révolutions de François et même du virus. Tels sont les thèmes qui seront abordés lors de l'entretien.

C'est avant tout l'occasion de régler enfin la sempiternelle question morale posée entre ces murs et bien au-delà du Tibre. Le pape lui-même n'a aucune peine à s'exprimer sur « un mal ancien qui se transmet et se transforme au fil des siècles » mais que chacun de ses prédécesseurs, plus ou moins selon les cas, s'est efforcé d'éradiquer en usant des moyens et des personnes à sa disposition. Il ajoute : « Malheureusement, la corruption est une affaire cyclique, elle se répète ; quelqu'un arrive, fait le ménage, remet de l'ordre, après quoi tout recommence, jusqu'à ce que quelqu'un d'autre vienne mettre un terme à cette dégradation. »

Il est vrai que cette Église à l'existence millénaire n'a pas gardé le souvenir d'un tel pape, aussi courageux qu'indifférent à l'idée de s'aliéner la puissante curie romaine et le monde des affaires qui frétille autour d'elle : François est bien décidé à la nettoyer des ecclésiastiques qui inclinent à faire passer l'argent avant la Croix (l'argent, dit-il, que « les pères de l'Église, tout comme saint François lui-même, qualifiaient d'"excrément du diable" »).

En cohérence avec son précepte franciscain, le Vicaire du Christ accomplit ce que personne n'a jamais eu la force de faire en faveur de l'Église pour qu'elle soit vraiment une maison de verre, une maison transparente semblable à celle des origines, attachée au service des derniers, du peuple. Or, dans une Église pour les pauvres, dans une Église plus missionnaire – et tel est le credo de François –, il n'y a pas de place pour qui veut s'enrichir et enrichir son cercle magique en portant indignement l'habit ecclésiastique.

« L'Église est et reste forte, mais le thème de la corruption est un problème profond qui se perd dans les siècles. Au début de mon pontificat, je suis allé voir Benoît. En me passant les consignes, il m'a remis une grande boîte et m'a dit : "Tout est là-dedans, les actions et les situations les plus difficiles. C'est le point auquel je suis arrivé. Je suis intervenu dans cette situation, j'ai éloigné ces personnes, et maintenant... à toi de jouer." Voilà, je n'ai fait que recueillir le témoignage du pape Benoît, j'ai poursuivi son œuvre. » Benoît XVI, déjà. Un récit d'inspiration traditionaliste et conservatrice parle d'un pape émérite constamment en guerre contre le pape régnant, et vice-versa : dissensions, désaccords, relations teintées de nervosité, points de vue différents sur tout et sur tous, complots et médisances.

Y a-t-il du vrai dans tout cela ? Le Saint-Père se tait un instant, puis sourit : « Benoît est un père pour moi, et un frère. Quand je lui écris, je conclus “filialement et fraternellement”. Je vais souvent le voir là-haut (il pointe le doigt vers le monastère Mater Ecclesiæ, juste derrière Saint-Pierre) et s'il est vrai que nous nous sommes vus un peu moins dans la période récente, c'est parce que je ne veux pas le fatiguer. La relation est vraiment bonne, excellente, nous sommes d'accord sur ce qu'il faut faire. Benoît est un homme bon, c'est la sainteté faite homme. Il n'y a aucun problème entre nous, on pourra dire tout ce qu'on voudra. Imagine-toi qu'ils sont allés jusqu'à raconter que nous nous étions disputés sur la question de nos tombes respectives ! »

Le pontife renoue le fil d'un propos venu de loin, repense à son arrivée au seuil de Saint-Pierre, à son opinion d'alors sur les maux matériels de l'Église ; ce n'était rien encore, comparé à ce qu'il allait trouver en se plongeant dans la gestion opaque des finances vaticanes, dans le denier de Saint-Pierre, en découvrant les investissements imprudents faits à l'étranger, l'activisme fort peu charitable de certains pasteurs d'âmes métamorphosés en chasseurs de rente.

Pour synthétiser la ligne qui fonde son action, Bergoglio se réfère à saint Ambroise, évêque, théologien et saint romain : « L'Église a toujours été une *casa meretrix*, une pécheresse. Certes, il faudrait dire plutôt une *partie* de l'Église, car la grande majorité va dans l'autre sens, marche sur le bon chemin. Mais on ne saurait nier que toutes sortes de personnages plus ou moins importants, des ecclésiastiques, beaucoup de faux amis laïcs de l'Église aussi, ont contribué à gaspiller le patrimoine mobilier et immobilier non du Vatican, mais des fidèles. Je suis impressionné en lisant l'Évangile d'entendre le Seigneur nous demander de choisir : soit tu suis Dieu, soit tu suis l'argent. Jésus l'a dit, suivre les deux, ce n'est pas possible. »

De saint Ambroise, le pape passe à sa grand-mère dispensatrice de bons conseils : « Elle n'avait rien d'une théologienne. Elle nous disait toujours, à nous les enfants, que le diable entrait par les poches. Elle avait raison. » Comme avait raison cette petite vieille rencontrée dans un bidonville en ruine de Buenos Aires le jour de la mort de Jean-Paul II : « J'étais dans le bus. Je me rendais dans une favela. C'est alors que m'est parvenue la nouvelle qui faisait le tour du monde. Pendant la messe, j'ai demandé que l'on prie pour le défunt pape. Après la célébration, une femme très pauvre est venue à moi. Elle voulait des informations sur la façon dont le pape était élu. Je lui ai parlé de la fumée blanche, des cardinaux, du conclave. Elle m'a interrompu alors en disant : "Écoute, Bergoglio, quand tu seras pape, n'oublie pas que la première chose à faire sera d'acheter un petit chien." J'ai répondu qu'il y avait peu de chance que je devienne pape. Mais pourquoi faudrait-il que j'achète un chien ? Elle me dit alors : “Comme ça, quand tu passeras à table, tu commenceras par lui donner un petit quelque chose. Et quand il aura ce qu’il faut, alors toi, tu pourras manger.” »

Est-ce bien ce que les gens pensent du Vatican ? Que la situation est hors de contrôle ? Que tout peut arriver ?

« Il est évident que c’était une exagération, répond le Saint-Père, coupant court. Mais cela correspondait à l’idée que le peuple de Dieu, les pauvres parmi les plus pauvres du monde, se faisait de la Maison du Seigneur : une maison déchirée par de profondes blessures, des luttes intestines et des malversations. »

La lutte publique et sans merci contre la corruption qui règne de nos jours au Vatican, offrant l’image d’un pontife fortement tourné vers le concret, décidé, résolu, héros solitaire acclamé par les foules, mais aux prises avec un ennemi invisible. Un pape qui semble seul dans les palais du petit État, mais en fait ne l’est pas, car il a avec lui l’ensemble des pratiquants et des fidèles. François hausse les sourcils et ouvre lentement les bras, en même temps qu’il cherche le regard de son hôte. Ce sont des secondes interminables.

« Ce sera comme le Seigneur voudra. Si je suis seul ? J’y ai réfléchi. Et je suis arrivé à la conclusion qu’il existe deux niveaux de solitude. D’un côté, je me sens seul car ceux qui devraient collaborer ne collaborent pas. Ceux qui devraient se salir les mains pour aider leur prochain ne le font pas. Ils ne suivent pas ma ligne ou des choses comme ça, et c'est une solitude, disons… fonctionnelle. Il y a aussi une solitude substantielle. Je ne l'éprouve pas. Car j'ai rencontré énormément de gens qui prennent des risques pour moi, qui mettent leur vie en jeu, qui se battent avec conviction parce qu'ils savent qu'on est dans le juste et que la route prise est la bonne, quand bien même elle serait semée de mille obstacles et résistances naturelles. Il y a eu des exemples de mauvaise conduite, de trahisons, ça blesse les gens qui croient en l'Église. Ces gens-là sont tout sauf des religieuses cloîtrées. »

Sa Sainteté l'admet, elle ne sait pas si cette bataille sera gagnée ou perdue. Mais ce qui est sûr, c'est qu'elle se dit avec une résolution pleine d'amour : « Je sais que je dois le faire. J'ai été appelé pour ça. Après, ce sera au Seigneur de dire si j'ai bien fait ou mal fait. Sincèrement, je ne suis pas très optimiste… »

Le Saint-Père a un sourire, puis il continue :

« Mais je me fie à Dieu et aux hommes fidèles à Dieu. Je me souviens, quand j'étais à Cordoba, je priais, je confessais, j'écrivais. Un jour que je cherchais un livre à la bibliothèque, je tombe sur l'*Histoire des papes* en sept volumes. Y compris chez mes très lointains prédécesseurs, j'ai trouvé quelques exemples guère édifiants. »

La meilleure défense des ennemis jurés du pape consiste aujourd'hui à attaquer sans arrêt François sur ce qu'il adviendra après lui, dans un futur qu'ils espèrent proche. Une sorte de libération et de résurrection pour un pontificat déjà considéré comme une affaire classée, car marqué par trop de divisions, politiquement mauvais et orienté idéologiquement d'un seul côté.

Et quant aux bruits de conclave qui affolent le bouche-à-oreille, Bergoglio les accueille avec ironie : « Moi aussi, je pense à ce qui va se passer après moi, je suis le premier à en parler. Récemment, dans une seule journée, je me suis soumis à plusieurs examens médicaux de routine. Les docteurs m'ont expliqué qu'un de ces examens pouvait se faire tous les cinq ans ou tous les ans. Ils penchaient pour les cinq ans. Je leur ai dit : “Faisons-le tous les ans, on ne sait jamais…” »

Le sourire, cette fois, se fait plus généreux.

Le pape Bergoglio écoute attentivement la liste des critiques qui lui ont été adressées au fil du temps, sans montrer même un signe d'impatience quand on lui rappelle la sortie du cardinal Ruini : « Critiquer le pape ne veut pas dire s'opposer à lui. » Il semble que lui reviennent en tête, l'un après l'autre, tous les sujets de contestation, de l'union civile à l'accord avec la Chine. Après y avoir réfléchi une dizaine de secondes, il exprime un point de vue équilibré :

« Je mentirais, et ce serait un affront à votre intelligence, si je vous disais que les critiques me laissent froid. Personne n'aime ça, encore moins quand ce sont de vraies gifles, quand le mal est fait de mauvaise foi et avec méchanceté. Mais je dis avec la même conviction que les critiques peuvent se révéler constructives. Je les accepte toutes dès lors qu'elles me poussent à réfléchir personnellement, à faire mon examen de conscience, à me demander si je ne me suis pas trompé, si j'ai bien fait, si je n'aurais pas pu faire mieux. Les critiques, le pape les entend toutes. Puis il exerce son discernement, il cherche à comprendre si c'est pour le bien ou pour le mal.
« Le discernement, c'est ma ligne de conduite, sur tout et sur tous. Il importe de communiquer honnêtement, de dire la vérité sur ce qui se passe dans l'Église. Après, même s'il est vrai que la critique est source d'inspiration pour mieux faire, je ne peux pas non plus me laisser influencer par toutes les choses guère positives qui s'écrivent sur le pape. »

Le temps de chercher à formuler la question suivante, le Saint-Père l'a déjà anticipée et y répond :

« Je ne crois pas qu'il existe une seule personne, ici et hors d'ici, qui puisse ne pas vouloir débarrasser l'Église de cette mauvaise herbe qu'est la corruption. Il n'y a pas de stratégie particulière, le schéma est banal, simple, avancer, ne pas s'arrêter, progresser à petits pas mais concrètement. Pour arriver aux résultats d'aujourd'hui, nous sommes partis d'une réunion qui remonte à cinq ans, et qui portait sur l'actualisation du système judiciaire. Puis, avec les premières enquêtes, j'ai dû venir à bout d'oppositions, de résistances. On s'est mis à explorer les finances. Nous avons de nouveaux dirigeants à l'IOR – l'*Institut pour les Œuvres de Religion*. En somme, j'ai dû changer beaucoup de choses, et beaucoup de choses vont encore changer très rapidement. »

Sous réserve de la présomption d'innocence à laquelle a droit toute personne qui s'est trouvée ou se trouvera dans le collimateur de la magistrature vaticane, il saute aux yeux que François a fait beaucoup de bien en osant s'approcher ainsi de ce précipice qu'est l'immoralité à l'œuvre dans certains secteurs précis de l'Église. Nous nous demandons, et non sans quelque timidité demandons au Saint-Père : « Mais le pape a-t-il peur ? » Cette fois, c'est une réponse plus pondérée qui tombera au terme d'un interminable silence. François a l'air d'attendre que lui viennent les mots justes. Mais c'est seulement une impression. « Et pourquoi devrais-je avoir peur ? » La question s'adresse à moi, mais aussi à lui-même. « Je ne crains pas des conséquences contre moi, je ne crains rien, j'agis au nom et pour le compte du Seigneur. Suis-je inconscient ? Un peu imprudent ? Je ne saurais le dire. Ce qui me guide, c'est mon instinct, et c'est le Saint-Esprit. C'est l'amour de ce peuple merveilleux, le mien, le peuple qui suit Jésus-Christ. Et puis je prie, je prie beaucoup ; en ces temps difficiles, étant donné tout ce qui se passe dans le monde, nous devons tous beaucoup prier. »

Le coronavirus est revenu parmi nous, traînant dans son sillage l'inquiétude, les morts, la peur. Le souverain pontife prend la parole et ne la lâche plus ; il parle presque en te donnant la main, chose à laquelle on ne s'attendrait jamais de la part du pasteur qui conduit l'Église universelle. « Nous traversons des jours de grande incertitude, alors je prie beaucoup, je suis très, très proche de ceux qui souffrent. Par la prière, je suis auprès de ceux qui aident les personnes qui souffrent pour cause de mauvaise santé, mais pas seulement. » C'est une référence aux célèbres héros, à ces « saints de la porte à côté », comme il les a lui-même définis deux semaines après le grand rendez-vous du 27 mars place Saint-Pierre, quand seul sous la pluie, au pied du crucifix qu'inondaient des pluies de larmes tombées du ciel, il a prié pour que cesse l'épidémie. Autre question : « Saint-Père, on s'attend à de nouveaux confinements, on reparle de restrictions visant les cultes, y a-t-il là un risque pour l'Église ? »

La réponse du Saint-Père :

« Je ne veux pas me mêler des décisions politiques. Je vais juste vous raconter une anecdote, quelque chose qui m'a déplu. J'ai entendu un évêque affirmer qu'avec cette pandémie, les gens avaient *perdu l'habitude* – ce sont ses mots ! – d'aller à l'église. D'après lui, ils ne reviendront plus s'agenouiller devant un crucifix ni recevoir le corps du Christ. Moi, je dis que si « les gens », comme les appelle cet évêque, fréquentaient l'église par habitude, alors autant qu'ils restent à la maison. C'est l'Esprit saint qui appelle les gens. Peut-être qu'après cette dure épreuve, avec ces difficultés nouvelles, avec cette souffrance qui a pénétré les maisons, les fidèles seront plus vrais, plus authentiques. Croyez-moi, c'est ce qui va se passer. »

Cité du Vatican, le 30 octobre 2020.

Sources

Épigraphe : Discours, 25 décembre 2019 ; *Regina Cœli*, 26 avril 2020.

Préambule, Mon vœu : Salut aux employés du Saint-Siège, 21 décembre 2019.

I. CHANGER, RENAÎTRE

L'espérance ne déçoit pas : Audience générale, 7 décembre 2016.

Le bonheur de l'humanité se partage : Encyclique *Fratelli tutti*.

Les nuits de notre vie : Audience générale, 10 juin 2020.

Venez à moi ! : Discours, 26 octobre 2013.

Le beau côté de la tapisserie : Exhortation apostolique *Christus vivit*.

Avec nous tous les jours : Exhortation apostolique *Christus vivit*.

Au-delà du connu : Exhortation apostolique *Gaudete et exsultate*.

Où est ma main ? : Discours, 25 novembre 2019.

Seuls, c'est impossible : Audience générale, 18 mars 2020.

La prière, digue contre le mal : Audience générale, 27 mai 2020.

Un ancrage dans l'espérance : Homélie, 2 novembre 2016.

Défis : Encyclique *Evangeli gaudium.*

Le cheval et le fleuve : Homélie, 2 mai 2020.

Le Christ est vivant ! : Exhortation apostolique *Christus vivit.*

Notre souffrance est graine de joie : Homélie, 17 janvier 2015.

Il y a ceux qui avancent et ceux qui… se baladent : Homélie, 31 mars 2014.

Les jeunes, promesse de vie : Exhortation apostolique *Christus vivit.*

Amoureux ! : Exhortation apostolique *Christus vivit.*

II. RÊVER LA BEAUTÉ

Ce qui manque à l'Occident, c'est la poésie : Conférence, 26 novembre 2019.

Créer des poètes : Discours, 7 février 2020.

Une vie comblée de grâce : Audience générale, 20 mai 2020.

En harmonie avec le créé : Encyclique *Laudato si'.*

S'éveiller à l'émerveillement : Homélie, 22 novembre 2019.

La splendeur de l'homme : Audience générale, 20 mai 2020.

La gratuité du jeu : Dialogue avec les étudiants, 20 décembre 2019.

Qui ne sait pas jouer n'est pas une personne mûre : Dialogue avec les étudiants, 20 décembre 2019.

Nous avons tous reçu un rêve : Exhortation apostolique *Christus vivit.*

Aimer la vérité, chercher la beauté : Rencontre avec la jeunesse, 31 mars 2014.

L'harmonie des différences : Homélie, 27 octobre 2013.

Belles routes d'amour : Discours, 25 octobre 2013.

Si les anciens ne rêvent pas, les jeunes ne voient pas : Exhortation apostolique *Christus vivit.*

L'Esprit saint est harmonie : Homélie, 19 mai 2013.

Bonne et mauvaise solitude : Dialogue avec les étudiants, 20 décembre 2019.

Ni anxiété ni insécurité : Exhortation apostolique *Christus vivit.*

Sortir de soi-même : Exhortation apostolique *Christus vivit.*

N'oublie pas ta dignité : Encyclique *Laudato si'.*

La beauté du pain partagé : Exhortation apostolique *Christus vivit.*

Douleur et réconfort : Audience générale, 26 février 2014.

Un rêve commun : Discours, 24 janvier 2019.

III. CAR DIEU EST JOYEUX

Comme une étoile qui brille en moi : Lettre encyclique *Lumen fidei.*

Ne soyons pas des chauves-souris dans la nuit : Homélie, 21 avril 2020.

Ne deviens pas vieux avant l'heure : Exhortation apostolique *Christus vivit.*

La main tendue de Dieu : Rencontre avec les médecins. Voyage apostolique en Thaïlande et au Japon, 21 novembre 2019.

Des flambeaux dans les heures sombres : Discours, 30 janvier 2020.

Comment faire ? : Message vidéo à l'occasion de l'événement *Thy Kingdom come*, 31 mai 2020.

Prie pour le don de l'espérance : Homélie, 6 novembre 2016.

Le sourire venu de l'intérieur : Audience générale, 7 décembre 2016.

La valeur des larmes : Discours, 18 janvier 2015.

Ouvrons grand les portes de la consolation : Homélie, 1er octobre 2016.

Dieu fait toujours le premier pas : Angelus, 6 janvier 2014.

Quand vient le temps de la maladie, nous connaissons Dieu avec les yeux : Message pour la Journée des malades 2015.

L'espérance est comme un casque : Audience générale, 1er février 2017.

Pourquoi Dieu est-il joyeux ? Angelus, 15 septembre 2013.

La peur est mauvaise conseillère : Rencontre avec la jeunesse, 31 mars 2014.

Du moi *au* oui *: Regina Cœli*, 26 avril 2020.

L'Esprit saint accomplit des merveilles : Homélie, 21 avril 2020.

Hors des espaces étroits : Angelus, 9 février 2020.

Sans Toi, la nuit : *Regina Cœli*, 26 avril 2020.

Des chrétiens sans les Pâques : Encyclique *Evangeli gaudium*.

Merci ! *est une belle prière* : Audience générale, 20 mai 2020.

L'Église, maison de consolation : Homélie, 1er octobre 2016.

Toujours se laisser surprendre : *Regina Cœli*, 8 juin 2014.

Composantes vitales : Discours, 31 janvier 2020.

Un catalogue *des maladies* : Discours à la Curie romaine, 22 décembre 2014.

Ne soyez pas des poupées vides ! : Rencontre avec la jeunesse. Voyage apostolique en Thaïlande et au Japon, 25 novembre 2019.

La joie qui jaillit de la compassion : Encyclique *Fratelli tutti.*

IV. CE QUI NOUS DÉLIVRE DE LA TRISTESSE

Dans un tourbillon de pensées : Audience générale, 10 juin 2020.

Le désert et les graines de bien : Discours, 15 août 2014.

Ce qui nous libère de la tristesse : Homélie, 5 juillet 2014.

Dans nos luttes : Homélie, 25 mars 2017.

Un combat permanent : Exhortation apostolique *Gaudete et exsultate.*

De fortes racines pour ne pas s'envoler : Exhortation apostolique *Christus vivit.*

L'audace de vivre : Exhortation apostolique *Gaudete et exsultate.*

Ceux qui déplacent des montagnes : Angelus, 6 octobre 2013.

Ne jamais s'estimer vaincu : Encyclique *Evangeli gaudium.*

Une lumière qui ne s'éteint pas : Angelus, 6 janvier 2017.

Être vraiment libres : Discours, 5 juillet 2014.

Faim d'espérance : Message vidéo à l'occasion de l'événement *Thy Kingdom come*, 31 mai 2020.

Jette-toi dans les bras de Dieu : Exhortation apostolique *Christus vivit.*

La force consiste à ne pas perdre courage : Audience générale, 14 mai 2014.

Qui veut la lumière sort de lui-même : Angelus, 6 janvier 2017.

Retirer les pierres : Angelus, 29 mars 2020.

Le temps du courage : Angelus, 23 octobre 2016.

Avoir honte fait du bien : Audience générale, 19 février 2014.

Qui prend son risque ne perd pas : Encyclique *Evangeli gaudium.*

La prière, semence de vie : Audience générale, 27 mai 2020.

Être capable de voir avec le cœur : Homélie, 29 mars 2020.

Ce n'est pas le moment de dormir : Audience générale, 24 avril 2013.

Maîtres des sentiments : Dialogue avec les étudiants, 20 décembre 2019.

L'Église a besoin de… : Homélie, 22 février 2014.

Éloge de l'inquiétude : Exhortation apostolique *Christus vivit.*

V. LA JOIE A LE DERNIER MOT

Réjouissez-vous ! : Exhortation apostolique *Gaudete et exsultate.*

Contemple Jésus débordant de joie ! : Exhortation apostolique *Christus vivit.*

Mais vous, Saint-Père, vous êtes heureux ? : Rencontre avec la jeunesse, 31 mars 2014.

Ce qui emplit le cœur : Encyclique *Evangeli gaudium.*

Pauvre et heureux, c'est possible : Message pour la JMJ 2014.

Les routes impensables de Dieu : Audience générale, 29 janvier 2020.

Savons-nous apprécier l'essentiel ? : Angelus, 29 janvier 2017.

Mauvais esprits (et le bon esprit d'un aveugle) : Homélie, 24 mars 2020.

La tristesse est la semence du diable : Célébration matinale, 24 mars 2020.

Qui nous apprend à pleurer et à sourire ? : Audience générale, 18 mars 2015.

Quand je vois quelqu'un dormir dans la rue… : Exhortation apostolique *Gaudete et exsultate.*

La joie ne réside pas dans les choses, mais dans la rencontre : Rencontre avec les séminaristes et les novices, 6 juillet 2013.

Pas de triste figure : Lettre aux consacrés, 21 novembre 2014.

Le chemin de vie des saints (et le tien) : Homélie, 1er novembre 2016.

Avec un peu d'humour : Exhortation apostolique *Gaudete et exsultate.*

La foi est la force de qui sait qu'il n'est pas seul : Angelus, 14 décembre 2014.

La piété, non le piétisme : Audience générale, 4 juin 2014.

Une joie si grande que nul ne peut te l'ôter : Message à l'occasion de la Nativité de Marie, 8 septembre 2014.

Soyez rusés : Homélie, 6 janvier 2014.

Sœur Lamentation : Homélie, 14 décembre 2014.

Dans les profondeurs de la vie : Exhortation apostolique *Gaudete et exsultate.*

VI. POSE LES BONNES QUESTIONS, ET LA RÉPONSE VIENDRA

Un maître sage : Discours, 25 novembre 2019.

Être pour les autres : Discours, 25 novembre 2019.

Comment entrer dans le temps qui nous attend ? : Discours, 9 janvier 2020.

Tous inquiets, tous nous cherchons : Message pour la JMJ 2015.

Qui sont les justes ? : Homélie, 1er novembre 2015.

Comment vivre l'espérance, ici et maintenant ? : Homélie, 25 mars 2017.

Me voici, envoie-moi ! : Message pour la Journée missionnaire mondiale, 31 mai 2020.

Qu'est-ce qui m'attend ? : Rencontre avec la jeunesse d'Asie, 15 août 2014.

Le Dieu qui change la peur en espérance : Audience générale, 8 avril 2020.

Et moi, à quelle table ai-je envie de manger ? : Homélie, 19 juin 2014.

Mais toi, pourquoi ? : Dialogue avec les étudiants, 20 décembre 2019.

Reviens dans les bras du Père : Homélie, 23 mars 2020.

Une foi accompagnée de persévérance : Homélie, 23 mars 2020.

Peut-on vraiment aimer de façon désintéressée ? : Dialogue avec les étudiants, 20 décembre 2019.

Laissons-nous consoler : Homélie, 8 mai 2020.

Deux richesses que rien n'emporte : Homélie, 13 novembre 2016.

Le salut d'un temps nouveau : Lettre aux prêtres du diocèse de Rome, 31 mai 2020.

Une vie baignée de lumière : Angelus, 6 novembre 2016.

Attends l'avenir en vivant le présent ! : Exhortation apostolique *Christus vivit.*

VII. ÊTRE L'ESPÉRANCE

Tout est en relation : *Laudato si'.*

Comment ne pas travailler ensemble ? : Exhortation apostolique *Querida Amazonia.*

Bâtir notre maison commune : *Laudato si'.*

Transformez-vous en espérance : Audience générale, 4 septembre 2013.

Ceux qui souffrent, médiateurs de lumière : Lettre encyclique *Lumen fidei.*

En sortirons-nous meilleurs ? : Message vidéo pour la veille de la Pentecôte organisée par Charis, 30 mai 2020.

Seul l'amour éteint la haine : Homélie, 30 octobre 2020.

Mettez-vous en route ! : Message à la Journée pour les vocations 2015.

Toujours choisir l'horizon : Homélie, 13 avril 2020.

Un feu qui se renouvelle : Exhortation apostolique *Christus vivit.*

Échecs et succès dans la famille : Message pour le carême 2014.

La convivialité, un processus qui n'a rien de facile : Discours, 23 février 2020.

L'amour plus fort que la dégradation : *Laudato si'.*

Tout est en transformation : Angelus, 11 décembre 2016.

Dieu guérit nos « mémoires » : Homélie, 14 juin 2020.

Mémoire orpheline : Homélie, 14 juin 2020.

Mémoire négative : Homélie, 14 juin 2020.

Mémoire fermée : Homélie, 14 juin 2020.

Moins, c'est plus : *Laudato si'*.

Marcher ensemble pour aller loin : Message vidéo à l'occasion de l'événement *Thy Kingdom come*, 31 mai 2020.

La justice et autres vertus : Discours, 15 février 2020.

Ce que le mondain ignore : Exhortation apostolique *Gaudete et exsultate*.

La révolution de la tendresse : Discours, 31 janvier 2020.

La nature est pleine de mots d'amour : *Laudato si'*.

VIII. POUR OFFRIR EN CADEAU UN SOURIRE

Apprécie toute chose ! : *Laudato si'*.

Nous avons besoin de miséricorde : Audience générale, 18 mars 2020.

Que de saints cachés parmi nous ! : Audience générale, 14 mai 2014.

Une joie inconcevable : Homélie, 16 avril 2020.

J'y entrerai en boitant, mais j'y entrerai ! : Audience générale, 10 juin 2020.

Ne nous laissons pas voler l'espérance : Lettre encyclique *Lumen fidei*.

Qui nous demande tout nous donne tout : Exhortation apostolique *Gaudete et exsultate*.

Un double mouvement : Discours, 25 novembre 2019.

Plus aucune peur : Discours, 21 avril 2014.

Seigneur, donne-moi la grâce de devenir meilleur : Angelus, 27 septembre 2020.

Tenir allumée la lampe de l'espérance : Audience générale, 15 octobre 2014.

Le pacte, c'est celui-là : Discours, 7 février 2020.

Qui que tu sois, tu peux être un saint : Audience générale, 19 novembre 2014.

Finalement, qu'est-ce que le salut ? : Message, 21 mai 2020.

Les gestes semeurs de paix : *Laudato si'*.

Ne pas avoir peur de la sainteté : Exhortation apostolique *Gaudete et exsultate.*

Les détails de l'amour : Exhortation apostolique *Gaudete et exsultate.*

La prière d'intercession comme amour du prochain : Exhortation apostolique *Gaudete et exsultate.*

Avançons dans la joie : *Laudato si'*.

Si tu te laisses aimer : Exhortation apostolique *Christus vivit.*

Les saints de la porte à côté : Exhortation apostolique *Gaudete et exsultate.*

Prendre soin de tout ce qui existe : *Laudato si'*.

Le cadeau d'un sourire : Encyclique *Fratelli tutti.*

L'espérance transforme le désert en jardin : Audience générale, 7 décembre 2016.

La vraie route du bonheur : Message pour la JMJ 2014.

MES PRIÈRES

Aide, Mère, notre foi : En conclusion à l'Encyclique *Lumen fidei*.

Santé des malades : À l'occasion de la Journée de prière et de jeûne durant la pandémie, 11 mars 2020.

Mère de la vie : En conclusion de l'Exhortation *Querida Amazonia*.

Prière commune pour la Terre et l'humanité : Pour l'Encyclique *Laudato si'*, à l'occasion du cinquième anniversaire de sa parution.

La honte, le repentir et l'espérance : À la fin de la *Via Crucis* 2019.

Les croix du monde : À la fin de la *Via Crucis* 2019.

Merci ! : Prière durant la sainte messe lors du voyage apostolique au Sri Lanka et aux Philippines, 17 janvier 2015.

Prière pour la Terre : Conclusion de l'Encyclique *Laudato si'*.

Prière chrétienne pour le créé : Conclusion de l'Encyclique *Laudato si'*.

Pour demander la grâce d'être attentifs au cri des pauvres : Au Mémorial de sainte Mère Teresa, Skopje, 7 mai 2019.

Ton cri, Seigneur : À Vilnius, au musée des Occupations et des luttes pour la liberté, 23 septembre 2018.

Prière de bonne humeur de saint Thomas More : Depuis quarante ans, le pape François récite cette prière attribuée à saint Thomas More. « Je la dis tous les jours, ça me fait du bien, affirme le Saint-Père. La joie chrétienne et le sens de l'humour font bon ménage. L'humour est selon moi le comportement humain qui se rapproche le plus de la grâce de Dieu… Alors, ne perdons pas cet esprit de joie plein d'humour, même quand il tourne à l'ironie ; en effet, il rend les gens aimables, y compris dans les situations difficiles. Comme ça fait du bien, une bonne dose d'humour pleine de santé ! »

APPENDICE

Un sourire dans la tourmente : Interview accordée par Sa Sainteté le pape à Gian Marco Chiocci, « Adnkroos », 30 octobre 2020.

Table des matières

Composition
PRESS·PROD

Imprimé en France par
CPI Brodard & Taupin
en octobre 2022

Dépôt légal : novembre 2022
N° d'impression : 3050461
ISBN : 978-2-7499-5054-9
LAF : 3258